用户画像

全渠道画像方法与实践

赵宏田 著

USER PORTRAIT

Omni-Channel Profiling Methods and Practices

机械工业出版社
CHINA MACHINE PRESS

图书在版编目（CIP）数据

用户画像：全渠道画像方法与实践 / 赵宏田著 . —北京：机械工业出版社，2023.9

ISBN 978-7-111-73876-3

I. ①用… II. ①赵… III. ①网络营销 – 购销渠道 IV. ① F713.365.2

中国国家版本馆 CIP 数据核字（2023）第 175497 号

机械工业出版社（北京市百万庄大街 22 号　邮政编码 100037）
策划编辑：杨福川　　　　　　　责任编辑：杨福川
责任校对：张爱妮　陈　洁　　　责任印制：刘　媛
涿州市京南印刷厂印刷
2023 年 12 月第 1 版第 1 次印刷
165mm×225mm・18.25 印张・193 千字
标准书号：ISBN 978-7-111-73876-3
定价：99.00 元

电话服务　　　　　　　　　　网络服务
客服电话：010-88361066　　　机　工　官　网：www.cmpbook.com
　　　　　010-88379833　　　机　工　官　博：weibo.com/cmp1952
　　　　　010-68326294　　　金　书　网：www.golden-book.com
封底无防伪标均为盗版　　　　机工教育服务网：www.cmpedu.com

Preface 前　　言

为什么写这本书

许多人对于画像的直观理解就是画像等于标签。实际上，标签只是画像的一个环节，其他用于描绘用户特征的方法，如用户行为链路、客户打分（B2B行业）、用户行为分析、人群划分、营销自动化等，都属于画像的范畴。

我之前出版的《用户画像：方法论与工程化解决方案》[一]主要从App应用和大数据治理的角度讲解了画像的流程和使用场景。但随着时代的快速发展，画像的应用又有了新的定义和玩法。除了各行业头部企业的App上还承载着大量用户外，其他企业的主战场已不再局限于App。企业微信私域、公众号、小程序、抖音、天猫、京东、小鹅通等渠道上都分布着企业的用户。而企业对用户数据的诉求是能进行集成与打通、支持对用户的分析，以及进行营销自动化。

我一直从事大数据开发工作，主要围绕用户进行离线数据建模和

[一] 该书已由机械工业出版社出版，ISBN为978-7-111-63564-2。——编辑注

实时场景的数据开发，并基于各种大数据中间件开发上层的应用系统。随着近几年私域的兴起，我也关注到微信、公众号、小程序这些应用同样有非常丰富的画像应用场景。

在日常生活中我经常会接收到公众号推送的消息、小程序的服务通知、企业微信号的各种营销触达，也经常思考是自己的哪些行为触发了这些交互，它们的实现逻辑是什么。为此，我花了一年时间把这些渠道的开放 API 都体验了一遍，从系统接入、数据打通、客户管理、报表查看、营销自动化等方面进行了落地实践，思考这些 API 可以实现什么功能，每个渠道能实现什么样的营销效果，从中获得了一些心得体会。因此，我想把全渠道画像这部分内容，包括应用场景实践落地细节、踩过的一些坑等分享出来。本书介绍的方法都是可以落地实现并且已经被广泛应用的，相信可以帮助读者更好地将全渠道画像的相关内容应用到具体实践中。

虽然对于非互联网行业的企业来说，微信、公众号等渠道承载的用户量级可能相对较小，但是这种数据同样可以有丰富的应用场景和各种营销玩法。

本书特色

几年前，大家在讨论画像功能、画像数据、画像产品时，很多是站在互联网 App 大用户体量、大流量、单一渠道的角度。随着私域、全渠道等概念的兴起，企业关注的客户渠道也越来越多，不仅仅是 App 渠道或者说不只是有 App 应用的互联网大、中、小公司做画像，很多传统企业或者不需要App承载用户的企业也会通过工具去运营并维护它们在微信、公众号、小程序、抖音、有赞商城等其他渠道的粉丝。

画像涵盖的范围越来越广，可以用客户数据平台（Customer Data Platform，CDP）的概念来总结：把不同渠道、不同营销场景的客户数据和功能集成到一个统一的平台上进行运营管理。本书将介绍集成全渠道的客户数据平台是如何搭建和落地的，其中营销自动化是重点介绍的内容，具体可查看第8章。

本书一半的内容在讲集成各渠道后可以应用的产品功能和运营玩法，另一半的内容在讲各渠道集成的技术实现方案，每一章的内容主要介绍对应渠道的产品功能和应用场景，技术层面会基于一些典型的案例做介绍。

除了对画像产品的功能和应用场景进行介绍外，本书还通过代码来介绍画像产品背后的实现逻辑。

总结来看，本书的主要特点包含以下三个方面：

1）详细介绍了各个渠道的对接方式、主要承载的功能和常见的应用场景。

2）总结了基于客户数据平台工具可实现的各类用户拉新、运营的场景和玩法。

3）详细介绍了营销自动化工具的使用方式和背后的实现逻辑。

本书主要内容

本书共9章，各章的内容总结如下。

第 1 章总结了一些方法论，可以帮助读者对全渠道画像有一个整体的认识。

第 2 章主要对全渠道画像的实现方式进行了纲领性的总结，包括如何在系统层面对接各渠道功能和数据、全渠道画像主要承载了哪些功能。通过阅读本章的内容，读者能够对全渠道画像有一个大致的了解。

第 3 章介绍了 App 渠道场景的功能，包括 App 场景的特点、用户数据建模与治理、App 场景主要功能、对用户数据高并发请求的技术处理方案，最后对单用户画像查询、用户人群圈选、基于行为事件的实时营销、行为事件分析等功能应用开发示例进行了详细的剖析。

第 4 章介绍了企业微信渠道场景的功能，详细介绍了客户运营管理、客户群运营管理、引流获客、数据统计分析等模块下的细分功能，同时通过几个功能应用开发示例帮助读者加深理解。我们在日常使用微信的过程中会接触到这些功能，相信读完本章，读者会有更深刻的体会。

第 5 章介绍了公众号渠道场景的功能，包括粉丝管理、自动回复、消息推送、引流获客等，然后用几个功能应用开发示例帮助读者加深理解。

第 6 章介绍了小程序渠道场景的功能，包括用户管理、模板消息推送、数据看板等，然后给出了一个功能应用开发示例。

第 7 章介绍了抖音、小鹅通这两种渠道场景的功能。针对抖音渠道，介绍了粉丝 / 关注者列表、内容管理和数据看板等功能；针对小鹅通渠道，介绍了用户数据、订单数据管理等功能。抖音渠道开放出来的 API 在触达用户的通路上有限，只能通过回复评论的方式与用户沟通，相比微信生态的私聊、群聊、朋友圈内容、模板消息、服务通知等方式显得单调贫乏。

第 8 章内容是本书的重点。用户营销离不开营销工具，本章首先介绍营销自动化工具在 Oracle 中的应用方案，然后对营销自动化功能和运行逻辑进行剖析，进一步根据客户数据平台可用的营销渠道介绍了工程落地方案，最后介绍了基于营销自动化工具和运营场景可以配置哪些模板来帮助完成营销自动化任务。

第 9 章介绍了引流私域与运营的相关内容。

本书读者对象

- ❑ 产品经理：可以了解各渠道如何集成对接，这些渠道可以实现哪些功能，无法实现哪些功能，重点关注各章内容中的产品和应用部分。
- ❑ 数据分析师：可以从多个维度对用户、用户群进行分析，重点关注第 1、2、3、7、8、9 章内容。
- ❑ 业务运营人员：可以仔细阅读各章的内容，需要完成营销自动化任务的相关人员可重点关注第 8 章内容。
- ❑ 数据开发人员：可重点关注第 3 章，了解大数据场景的相关内容。
- ❑ 技术开发人员：建议开发画像系统、CDP 平台类的技术人员仔细阅读各章的内容。
- ❑ 市场人员：建议重点关注第 8 章和第 9 章内容，借助画像系统了解用户群体的特征以及运营用户群的策略。

勘误和支持

　　由于笔者水平有限，书中难免会出现一些错误或者不准确的地方，恳请读者批评指正。读者可通过作者邮箱（892798505@qq.com）或微信（administer00001）反馈有关问题。第 3 章 App 场景的画像代码位于 https://gitee.com/hunterchaoadmin/userprotrait，该仓库包括了项目的前后端及大数据任务的相关代码，按照文档部署应用，接入数据即可体验相关功能，有这方面需求的读者可以参考使用。

Contents 目 录

前言

第1章 用户画像与全渠道数字营销 ………………………………… 1

1.1 全渠道数字营销 ……………………………………………… 1
1.1.1 什么是全渠道数字营销 ……………………………… 1
1.1.2 企业为什么要做全渠道数字营销 …………………… 3
1.2 用户画像如何为全渠道营销赋能 …………………………… 5
1.3 数据的集成与治理 …………………………………………… 6
1.4 关于方法论 …………………………………………………… 7

第2章 全渠道画像如何做 ………………………………………… 11

2.1 系统集成 ……………………………………………………… 12
2.1.1 为什么做系统集成 …………………………………… 12
2.1.2 通过接口接入数据 …………………………………… 13
2.1.3 通过消息回调接入数据 ……………………………… 13

2.1.4　数据治理 ··· 15

2.2　各主流渠道的系统集成方式 ·· 19

　　　2.2.1　App 渠道 ·· 19

　　　2.2.2　企业微信渠道 ··· 20

　　　2.2.3　公众号渠道 ··· 23

　　　2.2.4　小程序渠道 ··· 25

　　　2.2.5　微信开放平台 ··· 25

　　　2.2.6　抖音渠道 ·· 26

　　　2.2.7　小鹅通渠道 ··· 27

　　　2.2.8　广告渠道 ·· 27

2.3　全渠道画像的主要功能 ·· 30

　　　2.3.1　多渠道引流 ··· 30

　　　2.3.2　统一的数据看板 ··· 35

　　　2.3.3　客户的分析挖掘 ··· 36

　　　2.3.4　营销自动化 ··· 39

第3章　App场景 ··· 41

3.1　App 场景的特点 ·· 41

　　　3.1.1　公司自研 ·· 41

　　　3.1.2　用户量级和请求量大 ··· 42

3.2　用户数据建模与治理 ·· 42

　　　3.2.1　用户标签表 ··· 42

　　　3.2.2　用户行为日志 ··· 48

	3.2.3	各大数据组件的应用场景	51
	3.2.4	热点数据同步 Redis	52
	3.2.5	查询服务数据同步 HBase	57
	3.2.6	OLAP 分析数据同步 ClickHouse	61
	3.2.7	检索数据同步 Elasticsearch	63
	3.2.8	业务数据同步 MySQL	66
	3.2.9	实时类数据处理	68
3.3	App 场景主要功能		70
	3.3.1	报表查看	70
	3.3.2	标签管理	71
	3.3.3	单用户画像查看	73
	3.3.4	用户人群创建	75
	3.3.5	人群多维度分析	77
	3.3.6	行为事件分析	78
	3.3.7	留存分析	80
	3.3.8	分布分析	81
	3.3.9	转化漏斗分析	82
	3.3.10	基于人群包的定时离线营销	83
	3.3.11	基于行为事件的实时营销	86
	3.3.12	常见的落地应用	89
3.4	高并发请求用户数据处理		94
	3.4.1	技术方案设计	94
	3.4.2	数据同步流程	96

3.4.3　系统开发 ·················· 96

3.5　功能应用开发示例 ·················· 98

　　3.5.1　单用户画像查询 ·················· 98

　　3.5.2　用户人群圈选 ·················· 105

　　3.5.3　基于行为事件的实时营销 ·················· 113

　　3.5.4　行为事件分析 ·················· 118

第4章　企业微信场景 ·················· 128

4.1　客户运营管理 ·················· 129

　　4.1.1　客户标签 ·················· 129

　　4.1.2　客户管理 ·················· 130

　　4.1.3　客户生命周期 ·················· 134

　　4.1.4　客户SOP ·················· 135

　　4.1.5　流失客户提醒 ·················· 139

　　4.1.6　在职继承客户 ·················· 140

　　4.1.7　聊天快捷回复 ·················· 142

　　4.1.8　客服消息 ·················· 142

4.2　客户群运营管理 ·················· 143

　　4.2.1　群检索查看 ·················· 144

　　4.2.2　群SOP ·················· 145

4.3　引流获客 ·················· 146

　　4.3.1　员工活码 ·················· 146

　　4.3.2　群活码 ·················· 149

	4.4	数据统计分析 ··· 150
		4.4.1　客户维度数据 ····································· 150
		4.4.2　群维度数据 ······································· 152
	4.5	功能应用开发示例 ····································· 154
		4.5.1　缓存accessToken ································· 154
		4.5.2　更新客户详情数据 ································· 155
		4.5.3　给客户批量打标签 ································· 160

第5章　公众号场景 ··· 164

	5.1	粉丝管理 ··· 164
		5.1.1　粉丝标签管理 ····································· 164
		5.1.2　粉丝列表管理 ····································· 165
		5.1.3　获取粉丝行为 ····································· 167
	5.2	自动回复 ··· 168
		5.2.1　关键词回复 ······································· 169
		5.2.2　消息回复 ··· 170
		5.2.3　被关注回复 ······································· 170
	5.3	消息推送 ··· 171
		5.3.1　模板消息 ··· 171
		5.3.2　群发消息 ··· 174
		5.3.3　客服消息 ··· 176
	5.4	引流获客 ··· 176
		5.4.1　渠道参数二维码 ··································· 176

5.4.2　网页授权登录 ·············· 177
　　　5.4.3　裂变海报 ················ 180
　　　5.4.4　自定义菜单 ·············· 181
　5.5　功能应用开发示例 ················ 183
　　　5.5.1　接收推送日志 ············ 183
　　　5.5.2　创建模板消息任务 ········ 187

第6章　小程序场景 ·············· 191
　6.1　用户管理 ······················ 191
　　　6.1.1　用户查询 ················ 191
　　　6.1.2　引流短链 ················ 193
　6.2　模板消息推送 ·················· 194
　6.3　数据看板 ······················ 195
　　　6.3.1　用户画像 ················ 195
　　　6.3.2　访问与留存 ·············· 197
　　　6.3.3　行为分析 ················ 199
　6.4　功能应用开发示例 ·············· 199

第7章　其他渠道场景 ············ 206
　7.1　抖音渠道 ······················ 206
　　　7.1.1　粉丝/关注者列表 ········· 206
　　　7.1.2　内容管理 ················ 207
　　　7.1.3　数据看板 ················ 209

7.2 小鹅通渠道 ·· 210
　　7.2.1 用户数据 ·· 210
　　7.2.2 订单数据管理 ·· 211

第8章 营销自动化工具 ·· 213

8.1 营销自动化工具的应用场景 ··· 213
　　8.1.1 多触达渠道 ··· 214
　　8.1.2 配置化的营销模板 ·· 214
　　8.1.3 各渠道的营销触达方式总结 ·· 216
8.2 工具实现的技术方案 ··· 217
　　8.2.1 Oracle Eloqua 产品 ··· 218
　　8.2.2 Hubspot 产品 ··· 220
　　8.2.3 设计自动化产品的场景方案 ·· 221
　　8.2.4 开源流程引擎 LiteFlow ··· 222
　　8.2.5 设计业务流程组件 ·· 227
8.3 工程开发示例 ··· 230
　　8.3.1 初始条件判断 ··· 231
　　8.3.2 微信用户圈选 ··· 233
　　8.3.3 公众号事件 ··· 236
　　8.3.4 表单提交事件 ··· 238
　　8.3.5 微信消息推送 ··· 240
　　8.3.6 条件判断 ·· 242
　　8.3.7 流程引擎组装任务 ·· 245

8.4 在全渠道画像平台上的实现 ································· 248
　　8.4.1 企业微信运营场景 ································· 248
　　8.4.2 公众号运营场景 ··································· 251
　　8.4.3 小程序运营场景 ··································· 256
　　8.4.4 短信营销场景 ····································· 260
　　8.4.5 活动营销场景 ····································· 261

第9章 引流私域与运营 ··· 265
9.1 私域引流触点 ··· 266
　　9.1.1 企业微信个人活码引流 ···························· 266
　　9.1.2 微信群活码引流 ··································· 266
　　9.1.3 公众号渠道二维码 ································· 267
　　9.1.4 公众号裂变海报 ··································· 267
　　9.1.5 表单收集信息 ····································· 271
9.2 客户旅程 ··· 275

第 1 章　Chapter 1

用户画像与全渠道数字营销

随着现代社会数字化的日益深入,数字营销已经成为企业营销策略实施过程中不可或缺的环节。伴随而来的是企业需要更加精准地了解用户,发掘用户行为和偏好,而用户画像的构建,成为数字营销领域的重要内容。数字营销是以用户画像数据为核心,以营销策略和营销自动化工具为基础,实现精准营销和全渠道用户覆盖。

1.1　全渠道数字营销

1.1.1　什么是全渠道数字营销

当前企业的用户流量不仅分散在自有的 App、Web 平台上,还分散在小程序、淘宝、京东、微信、头条、抖音等众多流量平台或媒体上。这种分散的用户数据会带来如下几个问题。

1）用户数据无法集成：同一个用户可能在不同平台上，企业无法准确识别不同系统中的同一个用户，无法形成一个统一的画像。

2）运营工作量大：运营人员需要同时在App、微信、CRM等不同平台上运营本企业的账号，大且繁杂的工作量导致他们没有精力再去根据用户的行为与诉求做个性化的运营。

基于这种情况，企业需要构建统一的数据平台，集成各渠道的用户数据、各渠道的营销功能来做统一的运营管理。2013年David Raab首次提出CDP（Customer Data Platform，客户数据平台）的概念，并得到市场的认可。简单来说CDP是一个营销系统平台，用于将企业不同渠道和不同营销场景中的各类用户数据进行统一采集、整合、分析、应用，以进行用户建模，设计营销活动，提升营销效率，进而实现对全渠道用户数据的管理。传统的CRM系统使用的是静态、沉淀的用户数据，而CDP使用的是动态的用户数据，可以与用户有较多触点，及时互动、获取反馈。

CDP集成的数据类型包括离线数据和在线实时数据两种类型。

综合来看，CDP应该具有3个方面的能力。

1）数据集成：整合企业所有渠道上的用户数据，形成统一的用户画像。

2）分析洞察：提供多元和全面的数据分析报表、用户行为分析工具、用户人群分析工具，深挖用户特征。

3）营销自动化：根据企业的营销情况，提供多渠道的营销自动化工具。

1.1.2　企业为什么要做全渠道数字营销

全渠道数字营销可以为企业提供强大的数据集成与管理能力。一方面，传统的用户营销渠道很难收集用户行为和动态数据，而通过数字营销企业可以实时获取用户在不同渠道的行为数据，进而将数据打通，通过数据分析洞察用户偏好。另一方面，数字营销可以采取自动化方式，大幅降低人力和物力的投入，并且可以基于用户行为个性化推出营销方案，有效提升营销效果。全渠道数字营销的重要性具体体现在以下 3 个方面。

1. 用户渠道的分散性

当前丰富的渠道媒介导致企业的用户分散在多个渠道上，比如一个用户可能在抖音上被种草了产品，在朋友圈浏览到朋友转发的产品推文又一次被种草，然后在公众号推文的最下方添加了客服的微信好友，最后在客服推送的小程序里面下了单。在这个场景中，涉及的渠道包括抖音、朋友圈、公众号、企业微信、小程序。在市场营销中，多渠道、多触点可以给企业带来丰富的、多维度的用户数据。

用户与产品的连接渠道从过去的天猫、京东等电商平台转变为现在的碎片化线上多渠道。

2. 数据的集成与管理

在企业没有做系统集成之前，企业内的数据平台多是基于自有产品（如 App、官网、小程序等）去收集、管理用户数据。但由于用户渠道的分散性，企业的用户不仅存在于自有产品中，也存在于多个第三方平台上，如抖音、公众号、天猫、京东等。

对于第三方平台上的用户数据，企业只有通过开放的 API 将其集成到自己的平台上，才能进一步和自有产品的用户数据打通，提供统一的用户视图和编辑管理（见图 1-1），并通过营销自动化工具对用户进行营销触达。

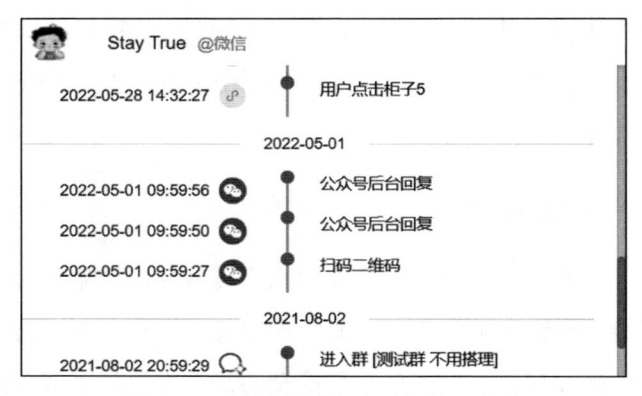

图 1-1　用户全链路行为时间轴示意图

3. 自动化营销与个性化运营

通过整合自营产品和第三方平台上的用户数据，对用户数据与产品功能进行互联，企业可实现客户旅程（Customer Journey）的自动化营销与在私域服务上的个性化运营。

企业的用户数据经过打通后，可以查看每个用户在各平台上的行为链路，用户在产生这些行为的过程中也被自动打上相应的标签。

在配置自动化营销任务时，可基于用户标签进行选择，不同的标签可分配到不同的客户旅程中去。在客服人员与用户进行一对一私聊时也可基于用户的历史动态、被打上的标签（见图 1-2）、所在的群、添加的备注进行针对性的沟通，以更好地提高成交转化率。

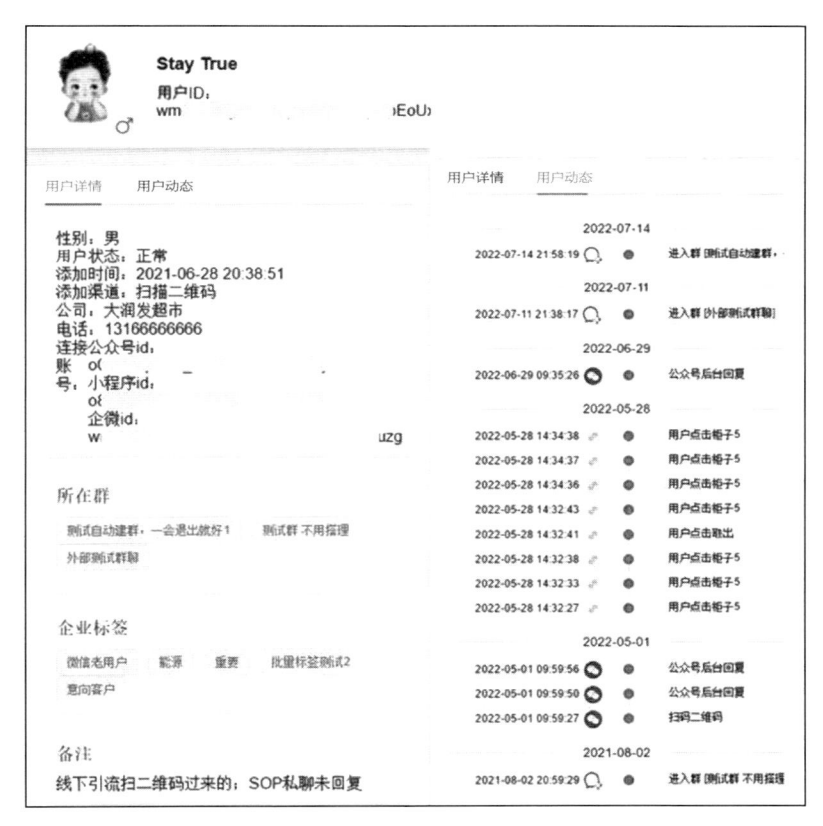

图 1-2　单用户详情页

1.2　用户画像如何为全渠道营销赋能

　　用户画像在当下来看是一个比较宽泛的概念，标签、单用户画像、用户人群、用户行为分析、营销触达等都属于画像的概念。但画像更重要的还是强调对每个个体进行特征刻画，如基础属性、标签、行为路径、人物关系图谱等都属于特征刻画的一部分。只有在拥有用户数据的基础上才能对不同特征的用户进行营销触达。

全渠道客户数据平台可以对用户数据进行打通，获取用户在各渠道的行为动作，比如用户扫码关注了公众号、回复过消息、添加了企业微信好友、在小程序上购买了商品、浏览过产品介绍页面、下载过文档等行为都可以被记录下来。另外，它可以对来自各个渠道的用户做自动化的营销触达，比如针对公众号粉丝做新添加 48 小时内的营销推送转化，对企业微信好友做周期性营销触达，对小程序商城的用户做短信营销，对 App 用户做个性化消息推送等。

1.3 数据的集成与治理

企业的用户数据按渠道来源可分为自有平台数据（App、官网、H5、小程序、CRM 系统等）、线下数据（门店导购微信号、公众号渠道码等）和第三方平台数据（天猫、京东、有赞、公众号、企业微信等）。在没有进行数据集成与治理之前，这些渠道的数据资产各自孤立，导致用户数据无法打通，无法分析用户全链路行为，很难做深度的用户运营。所以，企业需要对各渠道的用户进行集成与治理。

客户数据平台首先需要接入这些渠道的数据。例如，针对自有平台数据，可以将它们存储在企业自己的关系型数据库或数据仓库中，以便直接获取；针对线下数据和第三方平台数据，可以通过调用第三方平台的接口或以消息回调的方式进行拉取接入。

数据集成后需要进行数据治理，关联不同渠道的用户数据，打破各渠道间的数据壁垒，构建用户在全渠道上的行为链路，为营销自动化功能提供数据支持（见图1-3）。

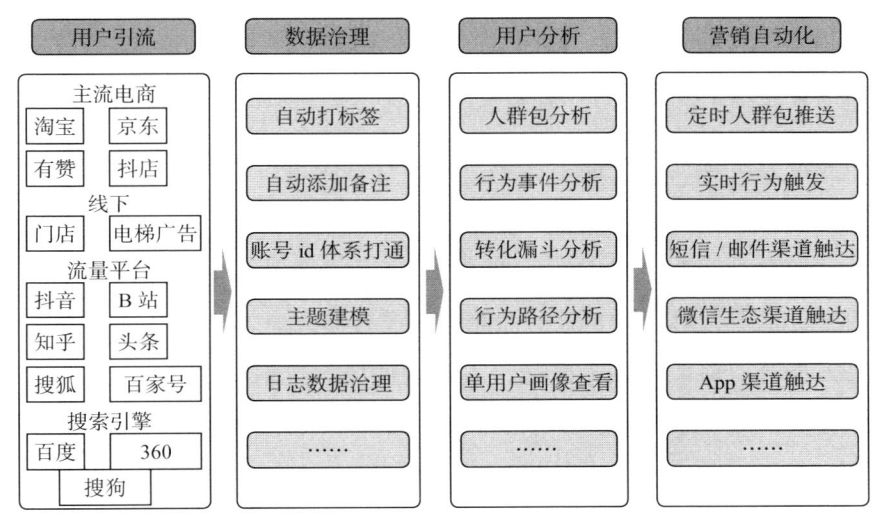

用户引流	数据治理	用户分析	营销自动化
主流电商 淘宝　京东 有赞　抖店 线下 门店　电梯广告 流量平台 抖音　B站 知乎　头条 搜狐　百家号 搜索引擎 百度　360 搜狗	自动打标签 自动添加备注 账号id体系打通 主题建模 日志数据治理 ……	人群包分析 行为事件分析 转化漏斗分析 行为路径分析 单用户画像查看 ……	定时人群包推送 实时行为触发 短信/邮件渠道触达 微信生态渠道触达 App渠道触达 ……

图1-3　数据应用链路示意图

1.4　关于方法论

关于全渠道画像营销系统怎么做，本节介绍一下方法论的内容。

不同企业对全渠道的需求是不一样的。对于互联网公司，App是它主要的用户渠道，企业微信、公众号、小程序以及CRM等渠道则作为辅助企业运营和管理的工具，帮助公司更好地与用户进行交互。对于医美、房地产、餐饮等行业中的企业，其用户可能并不需要App去承载，通过企业微信、公众号、小程序、CRM等渠道就可以把私域运营得很好。

对渠道的侧重不同，也会带来产品功能的不同。App 渠道承载的用户量级和日志数据量级一般很大，这就导致后台需要使用大数据的集群和中间件去处理、存储海量用户数据，对数据检索、OLAP 分析、用户标签数据查询服务、实时营销等的性能要求也会很高。用户量级很大的公司（比如覆盖几亿用户）甚至会把上面介绍的几个功能拆分成独立的产品去运营维护，且会给每个功能部署多个副本以支持高可用。

像企业微信、公众号、小程序、CRM 等渠道承载的用户量级则小了很多，对应用系统的性能要求没有那么高，在做消息推送时，只需要开启多线程任务推送，不需要使用大数据中间件去处理、存储数据，但是在很多功能细节上需要用到一些处理技巧。

构建全渠道用户画像时主要包括 4 个环节：需求梳理、渠道对接、功能设计、功能开发。

1. 需求梳理

项目经理或产品经理根据业务需求梳理需要运营哪些渠道的用户、通过什么样的方式进行运营管理。

2. 渠道对接

项目经理或产品经理根据要对接的渠道去对应的官网查看 API 文档，通过 API 文档开放的接口可以知道能实现什么样的功能。一般来说，可以拿到用户数据、订单、一些简单的行为日志，以及该渠道触达用户的方式，比如微信消息、公众号消息、模板消息、短信、私信、评论回复等。

在实现层面，企业需要在对应的平台注册账号并登录管理后台，在管理后台可获取本企业的 AppId、AppSecret 等身份信息，将 AppId、AppSecret 加入接口请求可获取 accessToken 数据（accessToken 是调用凭证，可视为企业的身份证号）。在请求各种 API 时带上 accessToken 即可获取到本企业在该渠道下的各类数据。

对于每个渠道的数据集成一般也可分为两种模式。

- 通过接口拉取数据：这种方式属于主动地拉取离线数据，即通过授权的 accessToken 去请求各个接口，离线拉取各 API 的数据明细存入数据库中。
- 通过消息回调接收数据：这种方式属于被动地接收实时数据，即企业将消息接收的 URL 配置在该渠道的管理后台，用户在该渠道上的行为动作产生的日志数据会实时推送到配置的 URL 上。比如用户给公众号发送消息、点击了菜单、扫码关注了公众号等行为都会产生日志。

3. 功能设计

产品经理需要根据业务目标设计产品功能和产品原型。而各个渠道能实现的功能一般都有成熟的模式可以借鉴。

- App 渠道：BI 报表、标签管理、单用户查询分析、用户人群创建、人群分析、用户行为分析模型、人群包的营销、实时营销等。
- 公众号渠道：粉丝管理、消息自动回复、群发消息推送、模板消息推送、渠道参数活码、裂变海报、自定义菜单功能、客服会话管理等。

- 微信渠道：客户标签管理、客户管理、生命周期管理、在职继承、员工活码、群活码、统计分析报表、聊天快捷回复、客户雷达图、聊天素材管理、客户 SOP、客户群 SOP 等。
- 小程序渠道：客户管理、数据看板、用户行为分析、引流短链、模板消息推送等。
- 抖音渠道：粉丝/关注者管理、数据看板、客服消息管理等。
- 第三方电商渠道：数据看板、客户管理、订单管理、营销自动化等。

这些功能点在后面的章节中会有详细的介绍，这里不再展开。

基于产品设计的交互稿，由 UI 设计师进行产品页面美化，出页面效果图。

4. 功能开发

现在的应用系统基本都是前后端分离的，在人员配备上需要前端开发（用 Vue、React 等框架）工程师、后端开发（如基于 Java 开发，用 Spring Boot、Spring Cloud 等框架）工程师，如果包括大数据处理的环节还需要大数据开发（ETL、Spark、Flink 等任务）工程师。人员配备齐全后，接下来就是把握好项目周期按阶段实现产品功能。

第 2 章　Chapter 2

全渠道画像如何做

本章介绍如何集成各渠道的用户数据和功能并统一管理。关于能采集到用户的哪些数据也是一个重要的问题。有人会有疑问，能不能获取到谁在抖音上浏览了我的视频、在小红书上看了我的主页，在淘宝上逛了我的店铺的数据？这些数据都获取不到，因为它们都属于用户行为类明细数据，只有在对应的 App 日志中才能拿到，企业不会通过 API 对外提供这类数据。

通过第三方平台能拿到的用户数据包括账号的粉丝和关注者（抖音）、公众号的粉丝、访问过微信小程序的用户、企业微信的好友、淘宝的购买客户、京东的购买客户等。

2.1 系统集成

2.1.1 为什么做系统集成

如前面所讲，在流量碎片化时代，企业的客户数据分布在多个渠道上，如果不将这些渠道的用户数据统一集成管理，也不将这些渠道触达用户的功能集成进来，那么一方面无法全面了解用户在各渠道上的行为特征，另一方面也无法对不同渠道的用户配置针对性的营销自动化任务去促进转化。

鉴于此，企业需要对各渠道的用户数据做集成打通，对各渠道的营销功能做统一的集成管理。集成第三方系统数据的方式可分为两种：通过接口进行集成和通过消息回调进行集成。

（1）通过接口进行集成

通过第三方系统开放的 API 文档，可以将数据拉取过来自行存储建模，并将功能集成到自建的产品上。

（2）通过消息回调进行集成

通过消息回调，可以实时接收用户与第三方系统的各类交互动作产生的行为日志。

从图 2-1 可以看出，按 API 开放程度和数据丰富程度可将不同渠道划分到四个象限中。其中第一象限包括 App、官网、CRM、企业微信、公众号、小程序、小鹅通等，这些渠道开放的 API 较为丰富，并且可以通过一些方式打通账号体系；第四象限的京东、淘宝等电商平台虽然数据很丰富，但数据只掌握在平台自己手中，通过 API 获取的用户手机号都是加密过的；第三象限的小红书和抖音的开放程度就更弱一些，比如抖音目前只开放了抖音企业号以及抖音小店中的一些数据，非企业账号只能获取粉丝、视频等基础数据和功能，没办法对用户做运营和触达。

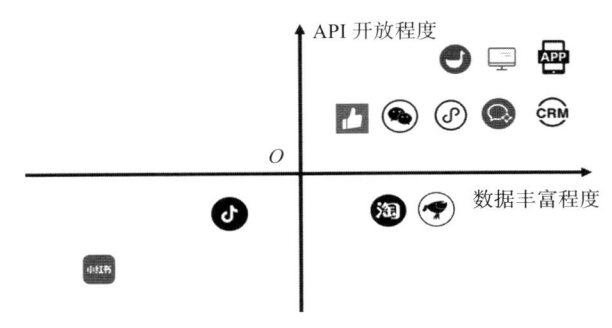

图 2-1　主流平台的数据丰富程度和开发程度示意图

2.1.2　通过接口接入数据

通过接口接入数据是最常见的方式。一般情况下，企业在第三方系统上注册账号后可登录管理后台，查看或获取 AppId、AppSecret 等与账号相关的数据。企业通过第三方系统开放的 API 可将这些账号数据带入请求以获取企业授权凭证 accessToken，后续在调用该平台上的所有接口时只需要带上企业的凭证（accessToken）即可获取到对应的数据。

2.1.3　通过消息回调接入数据

在用户和第三方系统（如公众号、企业微信号、抖音等）产生交互的过程中，用户的某些操作会使得对应的服务器通过事件推送的形式通知到开发者配置的服务器地址（即 POST 消息的 XML 数据包到开发者填写的 URL），开发者通过解析推送过来的事件可获得消息。

回调服务的大致流程如图 2-2 所示。通过在企业微信的后台配置回调地址，当用户与企业微信产生交互行为时，该消息会推送到开发者的服务器中。

图 2-2 回调服务的大致流程（取自企业微信文档）

例如某个用户把负责他的企业微信客服删除了，此时微信服务端会推送一条事件给接口，如 https://testaccount/wechat/callback（假设该接口是开发者配置的回调接口），接口接收数据并解密后，大致格式如下：

```xml
<xml>
    <ToUserName><![CDATA[waaaaaa7f008c04e]]></ToUserName>
    <FromUserName><![CDATA[sys]]></FromUserName>
    <CreateTime>1662641881</CreateTime>
    <MsgType><![CDATA[event]]></MsgType>
    <Event><![CDATA[change_external_contact]]></Event>
    <ChangeType><![CDATA[del_follow_user]]></ChangeType>
    <UserID><![CDATA[testAccount]]></UserID>
    <ExternalUserID><![CDATA[wmce0ddddddddW8N0fbJ4g]]>
    </ExternalUserID>
</xml>
```

这个消息回调报文中的字段含义如表 2-1 所示。

表 2-1 消息回调报文的字段含义

参数	含义
ToUserName	企业微信的 corpId
FromUserName	表示由系统生成
CreateTime	消息创建时间
MsgType	消息类型，这里为 event
Event	时间类型
ChangeType	del_follow_user 为删除跟进成员事件
UserID	企业微信客服人员的 UserId，这里是被删除的账号 id
ExternalUserID	外部联系人的 UserId，这里是删除人的账号 id

然后把解析后的报文存入对应的库表中，这样一个被私域好友删除的事件就记录下来了。

通过这个例子，我们基本了解了如何获取并记录客户在第三方平台的行为数据。这种方式还是有一定的局限性。如果是企业自研的 App 产品，通过埋点基本上可以采集到任何想获取的行为数据，但是通过第三方的消息回调只能获取有限的行为事件（只能获取第三方平台 API 文档里面定义的事件）。在实际项目中，需要结合自身需求选择合适的接入方式。

通过第三方平台的消息回调接入的数据可视为用户的实时数据，基于这份实时数据可以配置对应的营销自动化任务。比如针对新关注公众号的粉丝，在他关注 10min 后推送产品介绍的图文消息，如果有回复则转人工客服，如果没有回复则在 2h 后推送一条填表单即可领取资料的消息。不断与粉丝互动，加深粉丝对产品的了解，促进转化。

2.1.4 数据治理

通过系统集成把各渠道的用户、订单、行为、标签等各维度数据都接入进来之后,还需要将接入的各渠道之间的账号体系打通,这样才能刻画用户在全渠道上的行为链路。

下面通过一个案例介绍一种打通账号(id)的思路。

企业当前集成了企业微信、公众号、小程序渠道,把对应的业务数据都拉取到了企业自己的数据库。3种渠道对应的数据表结构如表2-2、表2-3、表2-4所示。

表2-2 企业微信用户数据表(wechat_userdetail_info)结构示例

序号	字段	含义
1	external_userid	外部联系人id
2	unionid	unionid
3	gender	性别
4	name	昵称
5	pic_url	头像url
6	add_time	添加时间
7	……	……

表2-3 公众号粉丝数据表(public_userdetail_info)结构示例

序号	字段	含义
1	openid	用户id
2	subscribe_time	关注时间
3	unionid	unionid
4	remark	备注信息
5	tagid_list	用户标签
6	……	……

表2-4 小程序用户表(mini_program_userinfo)结构示例

序号	字段	含义
1	open_id	用户id
2	union_id	unionid
3	nick_name	昵称
4	gender	性别

(续)

序号	字段	含义
5	city	城市
6	avatar_url	头像图片
7	……	……

对各渠道账号进行关联，最后得到一个账号的宽表。由于不是所有的用户会在企业的各个渠道上都有分布，因此通过治理之后的全渠道的账号宽表示例应该会如图 2-3 所示。

```
唯一id(oneid)    | 微信唯一id(unionid) | 企业微信id(wechat_openid) | 公众号id(public_openid) | 小程序id(minipro_openid)
dasf-jlad-fjlf  | fafewf231          | 89083123                 |                        | 79761232
jfkj-dflj-ewfe  | vdferf312          | 09231231                 | 53423412               | 54t34523
ijow-ecdd-kdnk  | fsdafve34          |                          | 80980804               |
jfls-dlmk-enff  | i0jlkgd32          |                          |                        | 43523213
```

图 2-3 通过治理之后的全渠道的账号宽表示例

通过下面简单的 SQL 查询，我们可以看出数据大致的关联方式：

```
# 第一步，把各渠道账号关联到一个宽表中
create table all_channel_id_1
as
select t1.unionid, t1.external_userid as wechat_openid,
    t2.openid as public_openid, t3.open_id as minipro_openid
    from wechat_userdetail_info t1
left join public_userdetail_info t2
            on t1.unionid = t2.unionid
left join mini_program_userinfo t3
            on t1.unionid = t3.union_id
    group by t1.unionid, t1.external_userid, t2.openid,t3.
       open_id
union
    select t1.unionid, t2.external_userid as wechat_openid,
        t1.openid as public_openid, t3.open_id as minipro_
           openid
        from public_userdetail_info t1
left join wechat_userdetail_info t2
```

```
                on t1.unionid = t2.unionid
    left join mini_program_userinfo t3
                on t1.unionid = t3.union_id
        group by t1.unionid, t2.external_userid, t1.openid,t3.
            open_id
union
    select t1.union_id as unionid,t2.external_userid as
        wechat_openid, t3.openid as public_openid, t1.open_id
        as minipro_openid
        from mini_program_userinfo t1
    left join wechat_userdetail_info t2
                on t1.union_id = t2.unionid
    left join public_userdetail_info t3
                on t1.union_id = t3.unionid
        group by t1.union_id,t2.external_userid, t3.openid,t1.
            open_id

# 第二步，把字段中的空值替换成空字符串
create table all_channel_id_2
as
select IFNULL(unionid, '') unionid, IFNULL(wechat_openid ,'')
    wechat_openid,
            IFNULL(public_openid ,'') public_openid,
                IFNULL(minipro_openid ,'') minipro_openid
    from all_channel_id_1

# 第三步，把基于各渠道账号的字符串拼接生成一个md5值，作为唯一id
create table all_channel_id_3
as
select MD5(concat(unionid, '-', wechat_openid,'-', public_
    openid,'-', minipro_openid,'-',phone)) as oneid,
            unionid,wechat_openid,public_openid, minipro_openid
    from all_channel_id_2
```

把各渠道的账号、手机号等与身份相关的id数据治理到一张宽表中，这样做一方面是为了方便查看某用户的全渠道账号、行为信息，另一方面是为了在配置营销自动化任务时可基于不同账号直接

关联切换。

例如，对通过微信填写表单报名参加线上会议的好友推送短信或私信提醒，这个跨渠道环节就涉及不同账号间的关联。填写表单后，可通过微信的网页授权获取用户在公众号上的 openid 以及 unionid，这样手机号就和 unionid 绑定了。如果用户进一步添加了企业微信好友，那么手机号就和企业微信的 openid 以及 unionid 绑定了，也就是说，公众号、企业微信、手机号这 3 个渠道的账号就打通了。

2.2 各主流渠道的系统集成方式

下面介绍几个主流渠道的集成方式，其他渠道（如天猫、京东等）的集成可以参考这几种渠道的集成方式。

2.2.1 App 渠道

App 渠道属于公司自研的产品，与企业微信、公众号、抖音这些第三方平台不一样，可以直接对接数据和营销触点。但是要想将 App 内的用户数据和第三方数据打通，则需要下一番功夫。一般来讲，很多公司的 App 的用户账号 id 都是自增的，这种情况显然无法通过账号 id 直接和第三方的账号打通。可以考虑采用如下几种打通的方式。

1）通过 App 内用户绑定的手机号和企业微信私域客户的手机号进行关联。

2）如果用户是通过 App 内的功能（比如 App 的社区版块、交流群版块）添加企业微信好友引流到微信的，可直接将 App 内的账号 id 和微信 unionid 绑定。

3）如果 App 支持微信登录，且微信开放平台绑定了 App，那么可以通过开放平台获取微信返回的 unionid。

一般，第二、第三种方式比较常见。例如，贝壳 App 支持微信登录，如果用户使用微信登录，在第二步获取用户昵称头像的时候，贝壳就可以拿到用户的微信 unionid，再通过第三步绑定手机号，就可以把 App 中自定义的 userid、微信的 unionid、手机这三个信息都关联起来了。至于和小程序、公众号的账号体系打通，通过微信 unionid 即可。这样这几个渠道的账号就串联起来了，如图 2-4 所示。

图 2-4　登录贝壳 App 示意图

2.2.2　企业微信渠道

企业微信可集成的功能可以在 https://developer.work.weixin.qq.com/document/path/90664 查看，如图 2-5 所示。

图 2-5　企业微信可集成的功能

开发方式包括企业内部开发和第三方应用开发。企业内部开发属于企业自研应用，而第三方应用开发是 To B 的 SaaS 厂商提供的。在 SaaS 厂商基于第三方应用的 API 开发好应用后，客户企业通过扫码授权即可登录使用。虽然从文档上看，这两种开发方式的接口功能基本一样，但它们在授权使用上还是有区别的。

自 2022 年 6 月开始，企业微信陆续对接口的返回数据进行了限制。影响最显著的一点是，第三方应用开发返回的用户数据中不再带有 unionid。unionid 是通过微信开放平台绑定的，对每个用户而言，用户在微信的各产品上的 unionid 是唯一的，没有了 unionid 就没办法把企业微信私域的用户与公众号、小程序的用户进行打通。

在该页面中，服务端 API 是后端应用可集成的接口，客户端 API 是前端应用可调用的接口。

调用 API 之前需要获取 accessToken。accessToken 是第三方平台颁发的登录凭证，用于鉴定调用者身份。企业可扫码登录企业微信后台，配置企业 id（corpid）和 secret（用于保障数据访问安全的钥匙），然后获取授权的 accessToken。在请求每个接口时，带上 accessToken 即可获取本企业的详细数据。

其中 secret 有如下几种类型。

- 基础应用 secret：主要面向企业内部应用的 secret。
- 自建应用 secret：面向企业自建应用，可在企微后台"应用与小程序"→"应用"→"自建"中新增或查看。
- 外部联系人 secret：用于管理企业外部客户（微信端客户），可在企微后台"客户联系"中通过单击 API 按钮查看。
- 通讯录 secret：用于管理企业内部员工通讯录，在企微后台"管理工具"→"通讯录同步"中查看。
- 微信客服 secret：用于处理和微信客户的临时会话，在企微后台"应用管理 – 微信客服"中查看。

请求获取 accessToken 示例：

```
@Autowired
ApiClient appiClient;

// 请求 accessToken 参数
// secret 需要根据调用的应用类型来传入
JSONObject result = appiClient.getWechatAccesstoken(corpId,
    secret);
String accessToken = result.getString("access_token");

import com.dtflys.forest.annotation.*;
@Get("https://qyapi.weixin.qq.com/cgi-bin/gettoken?corpid=$
    {corpId}&corpsecret=${secret}")
JSONObject getWechatAccesstoken(@DataVariable("corpId") String
    corpId, @DataVariable("secret") String secret);
```

在获取 accessToken 后，由于调用每个接口都需要带上该信息，导致使用次数会非常多，而且每个企业每天请求获取 accessToken 的次数是有上限的（一般 2000 ～ 3000 次），所以一般会将 accessToken 缓存在内存或 Redis 中，待 accessToken 过期后（一般 2h 过期失效）

再去请求获取。

2.2.3 公众号渠道

公众号可集成的功能可以在 https://developers.weixin.qq.com/doc/offiaccount/Getting_Started/Overview.html 查看。企业开发时，需要登录公众号的管理后台获取一些关键的配置信息和校验信息，如图 2-6 所示。

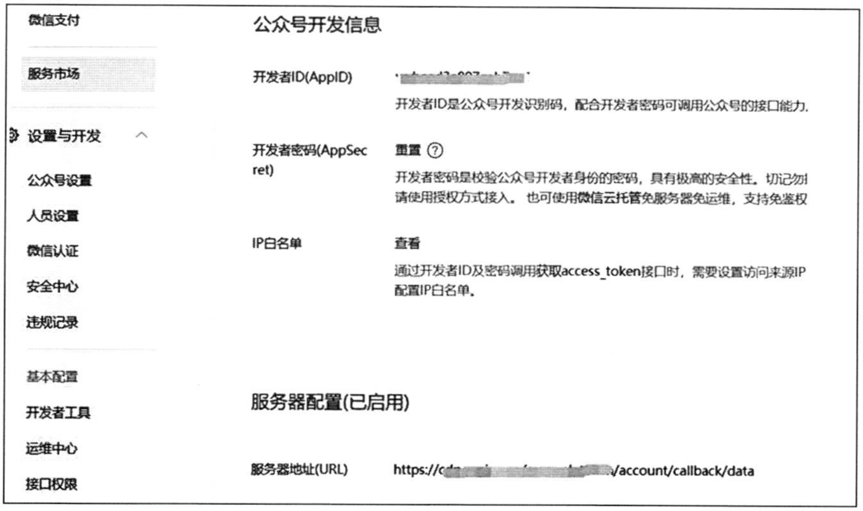

图 2-6 公众号后台接口调用需要配置项

开发者 ID 和开发者密码是重要的调用参数，通过这两个参数可以识别出调用 API 的账号，获取 accessToken 授权。IP 白名单用于配置可信的 IP 访问源，这里需要把企业部署服务所在机器的 IP 填进去，才能调用 API。服务器地址（URL）是配置的回调地址，用户在公众号上的行为事件数据将发送到该地址。

如果应用要获得网页授权功能，那么需要在功能设置页面中配置网页授权域名，如图 2-7 所示。

图 2-7　公众号后台网页授权应用配置项

还需要将一个用于校验的 txt 文件放到前端项目路径下，如图 2-8 所示。

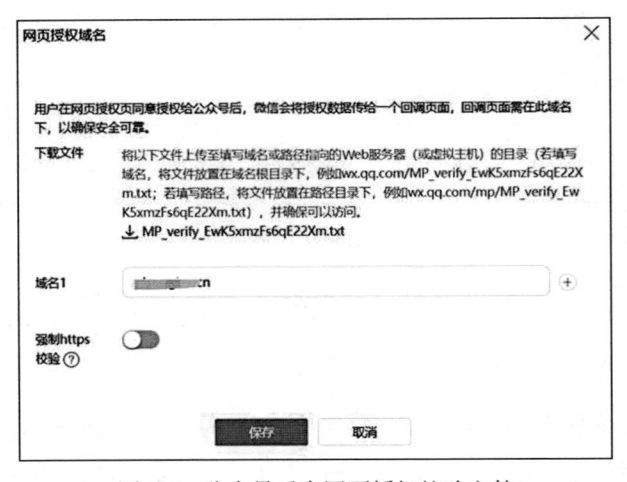

图 2-8　公众号后台网页授权校验文件

2.2.4 小程序渠道

小程序可集成的功能可以在 https://developers.weixin.qq.com/miniprogram/dev/api/ 查看。同样地，调用小程序的 API 也需要授权信息，可以在小程序管理后台的设置模块获取小程序的 AppId 和 Secret。

小程序渠道可集成的功能包括各维度统计数据分析和消息触达这两类。

1）各维度统计数据分析：分析访客的画像分布特征、页面访问与跳出情况、留存情况、行为事件特征等。

2）消息触达：在微信的服务通知模块中推送模板消息触达用户，常见的模板消息包括取餐提醒、服务评价、优惠券领取等。用户点击模板消息可跳转到小程序对应的落地页。

2.2.5 微信开放平台

微信开放平台主要面向开发者，在它的官网首页可以看到平台提供如图 2-9 所示的四种类型的开发，这些类型的开发都可以集成到微信平台中来，共享一套账号体系。换句话说，对于一个用户来说，他在移动应用、网站应用、公众账号、第三方平台等的 unionid 都是同一个。该平台的应用管理中心如图 2-10 所示。

图 2-9 微信开放平台 – 首页介绍

图 2-10　微信开放平台 – 应用管理中心

这样通过开放平台可以打通微信生态内各平台间用户的账号体系，同时如果企业自研的 App 也绑定到开放平台的话，用户账号同样可以打通。

2.2.6　抖音渠道

抖音可集成的功能可以在 https://developer.open-douyin.com/docs/resource/zh-CN/dop/develop/openapi/list/ 查看。如果想接入抖音，需要先向抖音申请权限，待授权通过后，在自己账号后台的设置模块通过 clientKey 和 clientSecret 这两个参数获取 accessToken 后即可调用抖音相关接口。

抖音渠道的用户数据不太好和微信生态的数据打通。抖音自成生态，该渠道的用户 id 和微信生态的 id 不能匹配。一般，只有通过私信或短信将企业微信的好友二维码链接发送给抖音的粉丝，粉丝点击二维码链接后访问小程序页面，并在小程序页面中扫描企业微信的二维码后才可以添加到企业微信私域，如图 2-11 所示。

基于抖音官方 API 开放出来的接口，可以对用户做的分析、运营触达功能是有限的。除了可以拉取粉丝、关注者的数据，视频播放情况的数据，粉丝画像数据外，基本不支持对用户的运营触达（仅认证的企业号可以给粉丝发送私信）。

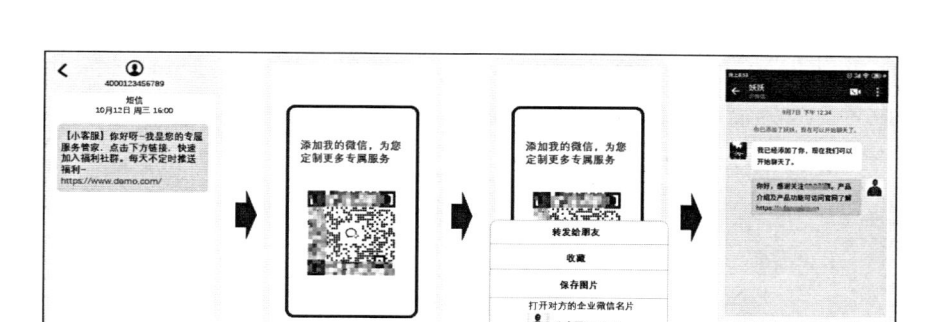

图 2-11 通过短信引导用户添加企业微信好友

2.2.7 小鹅通渠道

小鹅通可集成的功能可在 https://api-doc.xiaoe-tech.com/api_list/user/instruction.html 中查看。小鹅通与微信生态的集成非常友好。如果企业将小程序、服务号授权给小鹅通，并且小程序、服务号已经绑定了微信开放平台，那么通过小鹅通的 API 获取到的用户信息中会包含用户的 unionid 字段，即小鹅通的用户体系可与微信的账号体系完成打通。

企业的微信客服在和他的微信好友沟通时，可以根据标签判断当前用户是否购买了产品，购买了什么产品。针对已购买产品的用户，可根据购买产品向他推荐类似商品；针对未购买产品的用户，可通过发放优惠券等折扣活动引导用户去购买。

2.2.8 广告渠道

本节讲的广告渠道主要是指微信生态下的广告渠道，可集成的功能可以在 https://developers.e.qq.com/docs/start 中查看。你可以使用开放的 API 管理广告投放、分析广告数据、创建自动化营销任务等。

在微信生态中广告很常见，包括公众号、小程序、朋友圈、视频号等渠道都有多种形式的广告露出。

1. 小程序渠道广告

在小程序的 banner 位、插屏、封面等位置会露出广告，用于进行品牌推广、公众号小游戏推广、收集销售线索等，如图 2-12 所示。

图 2-12　小程序渠道广告示意图

2. 朋友圈渠道广告

在朋友圈进行展示的广告，可基于地域、性别、年龄、设备类型、兴趣行为等标签进行定向投放，用于进行品牌推广、公众号小程序或小游戏推广、收集销售线索等，如图 2-13 所示。

3. 公众号渠道广告

这种广告形式很常见，可在公众号文章的底部、中部进行展示，用于进行品牌推广、公众号小程序或小游戏的推广、收集销售线索等，如图 2-14 所示。

广告渠道的流量可以和企业自有的落地页、问卷、CRM 等进行结合，实现广告数据的回传，追踪广告投放的转化效率。

图 2-13　朋友圈渠道广告示意图

公众号底部广告　　公众号中部广告

图 2-14　公众号渠道广告示意图

2.3 全渠道画像的主要功能

2.3.1 多渠道引流

可以通过线上的流量平台、搜索引擎、电商平台，线下的门店客服导购等多种方式将用户引流到企业的私域流量池。企业微信（以下简称企微）渠道的群活码、员工活码、客服码，公众号渠道的参数二维码、裂变海报，小程序渠道的引流短链，智能表单等都可以为用户引流提供支持，如图 2-15 所示。

图 2-15　多渠道引流用户

1. 企微渠道的群活码

可通过群活码将参加线上活动的客户不断吸收进来。例如现在某快餐品牌在很多地方都推行座位扫码点餐，通过扫码进入小程序，完成点餐后会进入取餐号页面，如图 2-16 所示。该页面会留有福利群的二维码，引导客户扫码进群。这种二维码就是群活码，可以突破每个群只能自动拉 200 人的上限（超过 200 人时需要管理员手动拉人），将客户源源不断地自动拉入群中。

某快餐品牌下单成功页面　　　　扫码进群

图 2-16　群活码吸引裂变活动的客户入群

2. 企微渠道的员工活码

员工活码可通过公众号文章、视频号直播、快递包裹中的小卡片、官网页面等渠道进行投放，如图 2-17 所示，客户扫描员工活码后可收到针对该渠道的二维码配置的欢迎语，同时被自动打上标签、备注上渠道，方便业务人员后续进行运营管理。

3. 企微渠道的客服码

相比员工活码需要添加好友后才能发起聊天，客服码就很方便，用户扫码后即可直接进入聊天对话，不需要添加客服好友。和客服的聊天对话都收录在"客服消息"模块中。在一些和用户初次接触的入口，如公众号、小程序、网站等，可通过客服码初步建立起联系，解答用户的问题，后续可进一步将意向用户发展成微信私域好友，如图 2-18 所示。

员工活码在公众号文章推广　　　　　　　　员工活码的可配置项

图 2-17　员工活码自动打标签 & 备注渠道

微信客服码　　　在微信客户端"客服消息"中收录　　查看和客服的聊天记录

图 2-18　企业微信客服码沟通

4. 公众号渠道的参数二维码

对于公众号渠道，可创建带渠道参数的二维码，并进行推广投放。通过扫描二维码关注公众号的粉丝会被自动打上渠道来源以及标签，如图 2-19 所示。如果再通过营销自动化工具配置自动打招呼的素材，进行多轮对话，可进一步引导用户留资注册转化。

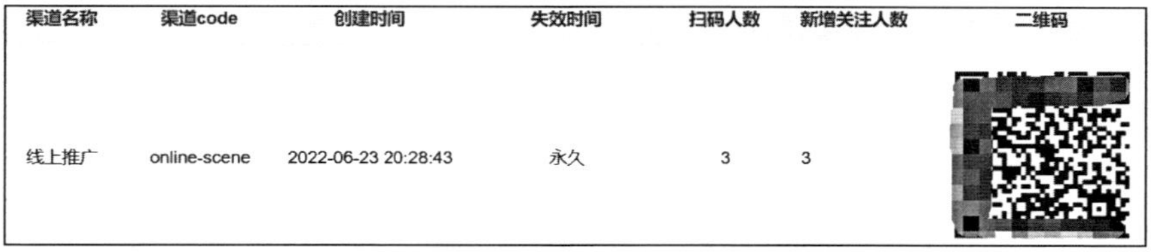

渠道名称	渠道code	创建时间	失效时间	扫码人数	新增关注人数	二维码
线上推广	online-scene	2022-06-23 20:28:43	永久	3	3	

图 2-19 公众号渠道二维码自动备注打标签

5. 公众号渠道的裂变海报

裂变海报是公众号引流拉新的一个重要功能点，借助公众号的网页登录授权和参数二维码可追踪裂变活动的传播和拉新情况。通过免费领取资料、免费参与线上课程等活动诱饵可激励用户转发海报，形成链式传播，达到拉新的目的，如图 2-20 所示。

6. 小程序渠道的引流短链

引流短链是指可在短信内容中添加客服二维码链接，用户点击链接后自动唤起微信跳转到小程序页面，扫描二维码添加企微好友，如图 2-21 所示。小程序的短链可通过短信、营销文章、抖音私信、评论回复等多种方式推送给用户。

| 设置裂变海报 | 粉丝扫码关注收到
自动回复消息 | 粉丝在 H5 链接中
创建自己的专属海报 | 粉丝分享海报 |

图 2-20　裂变海报传播示意图

| 发送带添加企微
好友的链接 | 跳转到小程序页面，
展示员工活码 | 添加好友，引流完成 |

图 2-21　通过短信链接添加企微好友

7. 智能表单

业务人员可自定义表单要收集的字段信息，然后将表单投放到朋友圈、公众号模板消息、公众号文章等渠道进行引流。用户微信扫码填写表单的数据，如性别、行业、职业、工龄等，可作为标签自动打在用户身上，填写的姓名、手机号等信息可作为昵称、备注信息打在对应的账号上。待用户填写完表单后可引导他跳转到二维码页面，添加企业的微信好友，引流到私域，如图2-22所示。

自定义表单需要采集字段　　　　　填写完表单引导添加微信好友

图2-22　通过智能表单收集客户信息

通过上述方式将用户引流到企业私域流量池的过程中，系统会自动给用户打上标签、添加渠道备注等信息，为后续的客户分析、生命周期转化和营销自动化等应用提供底层数据支持。

2.3.2　统一的数据看板

通过将各渠道的用户相关数据集成到统一平台上，业务运营人员每天不再需要分别登录到各个平台去拉数据明细再统计汇总，而是可以直接在客户数据管理平台上查看集成进来的各渠道用户数据和转化数据情况。

- 企业微信：可查看用户总数、用户去重数、用户来源渠道、性别分布、每日新增用户数、群总数、群客户去重数等维度数据。
- 公众号：可查看粉丝总数、粉丝去重数、新增粉丝数、渠道来源数等。
- 小程序：可查看用户的每日新增、用户的画像分布特征、用户的访问行为特征、用户的留存情况。
- App：可查看每日新增注册用户数、日活用户量、付费用户数、付费订单量、日活用户渠道分布、订单渠道分布、GMV变化情况等。
- 抖音：可查看每日新增粉丝数、粉丝新增趋势、每日评论互动数、互动评论趋势、订单渠道占比、粉丝画像数据（年龄、地域、性别、兴趣等分布情况）等。

2.3.3 客户的分析挖掘

通过人群圈选、人群多维度分析、用户行为分析去挖掘客户的各维度特征。基于不同渠道可集成的数据不同，一般，可以对企业微信、小程序、App渠道的数据进行人群圈选，对于可获取到用户行为日志明细的小程序、App渠道，除了可以进行人群圈选，还可以进行用户行为分析。

1. 企业微信

企业微信不能收集到用户的行为数据日志，但可以基于用户属性和标签进行人群圈选，查看对应规则覆盖的用户量级。如图2-23所示，可根据添加时间段、添加渠道、性别等维度数据筛选目标客户。

根据标签之间的组合关系圈选符合条件的用户，如图 2-24 所示。

图 2-23　企业微信客户圈选之条件范围筛选

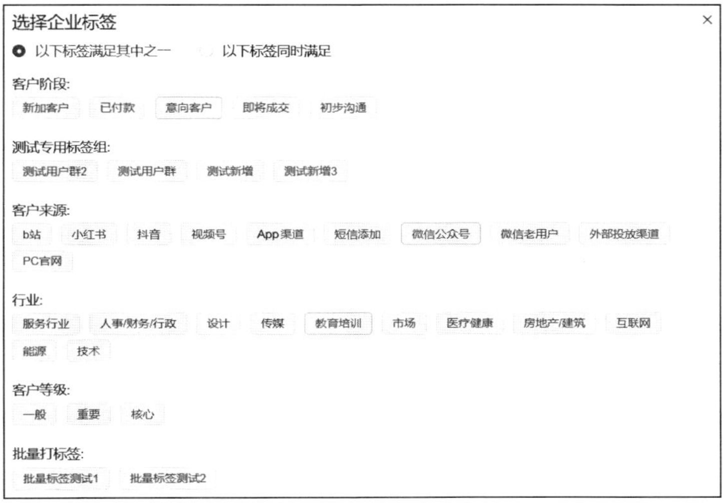

图 2-24　企业微信客户圈选之组合标签规则

2. 小程序和 App

小程序渠道和 App 渠道的特点很相似，都可以采集用户行为日志，也可以获取用户基础属性数据，可基于属性+行为来圈选人群包或进行用户行为分析。

例如要进行行为分析中的事件分析，如图 2-25 所示，可以通过筛选指标（用户行为事件）+ 细分维度（事件属性或用户属性）的方式去分析触发过某个行为的人群在不同维度下的分布特征。

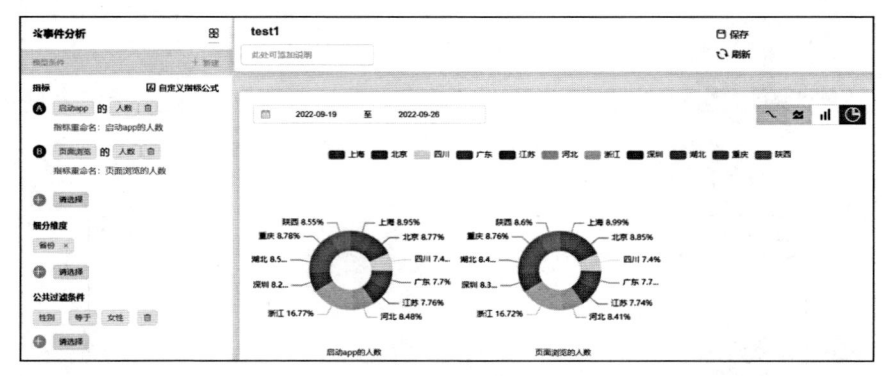

图 2-25　事件分析模型

圈选人群包时，可以基于用户属性（用户是什么特征）+ 用户行为（做过什么事情）去圈选对应的人群。也可以查看规则覆盖的人数，如图 2-26 所示，以及该规则创建出的人群在各维度的分布特征，如图 2-27 所示。

图 2-26　用户人群包圈选

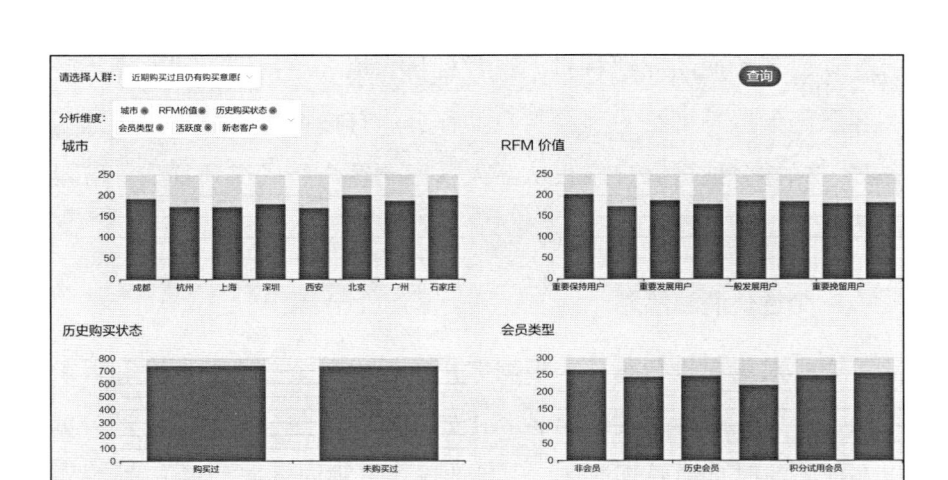

图 2-27 用户人群多维度分析

2.3.4 营销自动化

营销自动化是指基于软件与数据流管理、执行和完成流程及营销任务的功能。运营、市场等业务人员通过设计营销流程可自动完成相关营销任务。营销自动化有以下几方面的好处。

1. 提高运营效率

如果业务人员每次都需要配置营销任务，会有很多重复性工作，费时费力。营销自动化可以解放业务人员每次配置任务的时间，从而有更多的时间去生产优质内容，服务用户。

2. 线索自动孵化

基于用户的标签、行为动作可自动流转生命周期旅程，帮助业务人员更深入地了解潜在用户。比如用户从关注公众号开始，到留言互动、下载产品介绍材料、查看材料、填表单留资、朋友圈点赞和客服聊天等系列行为都会被自动评分、打标或人工打标签。这些评分、标签会推进客户旅程从新人、意向客户、成交到复购等阶段的转化。

3. 个性化消息策略

通过对用户进行细分，根据客户旅程中每个阶段的体验和诉求不同，可以发送针对性的消息。比如针对新关注公众号的粉丝，可以在他关注时自动回复消息，引导他输入关键词以进一步了解产品。在粉丝关注 10min 后可在公众号后台自动推送一条介绍产品的图文消息或视频，引导粉丝产生兴趣对产品进行了解。在粉丝关注 2h 后可推送一个问卷表单，填完问卷后可获取价值 ×× 元的资料或卡券，通过福利钩子可进一步加深与粉丝的联系、互动。

第 3 章　Chapter 3

App 场景

App 场景承载了企业的海量用户，大数据的处理、建模，以及对用户相关数据的查询服务高并发请求都在该场景中。

3.1　App 场景的特点

3.1.1　公司自研

公司自研的产品和企业微信、公众号、小程序等第三方平台系统有很大的不同，即可获取的数据维度更丰富、触达方式更全面。

相比第三方系统很多功能的开发只能在有限的条件下进行，在 App 场景下，无论是获取用户的基础属性数据、行为数据还是触达用户的方式等，都有很大的自主性。

3.1.2 用户量级和请求量大

App 属于企业自研应用，一般来说，App 上承载的用户量和每天产生的日志量都非常大。对于 App，企业需要通过大数据平台 Hive、Spark、Streaming、Flink 的一套数据治理流程，对用户属性、用户标签、用户行为日志等数据分别处理和建模，最后处理的结果会存入 Elasticsearch、ClickHouse、Redis 等大数据组件。而第三方应用，如企业微信、公众号、小程序、抖音等承载的用户量级并没有这么大（即使抖音粉丝很多，但限制 API 可查询的粉丝数上限为 5000），每天的行为日志（通过消息回调接收的数据）也不会特别多，所以第三方应用接入的用户数据一般用关系型数据库 MySQL 存储即可。

除了用户量级很大，在 App 场景下，请求量也会很大。对于用户标签、用户属性这类基础性数据，除了会收到企业内部业务运营人员使用客户数据平台进行查询调用的请求外，也会收到来自客户端的大量调用请求（应用场景非常多，如弹窗、广告位、推荐、feed 流等应用），这就导致请求量很大。动辄成千上万甚至十几万的请求发送过来，如果没有提前做好技术方案的设计，服务很容易就会出现问题。而第三方应用接入的客户数据一般只是用于打标签、做备注、做营销推送等应用场景，不会面临请求量大的情况。

3.2 用户数据建模与治理

3.2.1 用户标签表

在 App 场景中，可以基于应用场景设计标签体系，然后由分析师或者数据仓库开发人员通过写 SQL 打标签。这个过程在《用户画像：方法论与工程化解决方案》一书中有详细介绍，这里主要介绍打标签到用户属性宽表的一些关键环节。

下面从分区存储单个标签、标签聚合、用户属性宽表三个方面进行介绍。

1. 分区存储单个标签

如果将用户标签开发成一张大宽表，这张宽表中有几十种标签，那么每天对于该画像宽表的 ETL 作业将会花费很长时间，而且不便于向这张宽表中新增标签类型。

为了解决这个问题，我们可以从几个角度着手：

1）将数据分区存储，分别执行作业；
2）对标签脚本进行性能调优；
3）基于一些标签相同的数据来源，开发中间表。

在 Hive 中，分区表中的数据存储在不同的目录中。在 Hive 中使用 select 查询时，一般会扫描整张表中的所有数据，这会花费很多时间扫描当前不需要查询的数据。所以，为了节省这部分时间，只扫描符合查询条件的数据，我们引入了分区（partition）的概念。在查询时，可以通过 Hive 的分区机制来控制一次遍历的数据量。

下面介绍一种用户标签分区存储的解决方案。

创建 userid 维度用户标签的 Hive 表：

```
CREATE TABLE `dw.userprofile_tag_userid`(
`tagid` string COMMENT 'tagid',
```

```
`userid` string COMMENT 'userid',
`tagweight` string COMMENT '标签权重',
`reserve` string COMMENT '预留字段')
COMMENT 'userid 用户画像数据'
PARTITIONED BY ( `data_date` string COMMENT '数据日期', `tagtype`
    string COMMENT '标签主题')
```

该表主要存储了如下字段。

- tagid：存储标签字段。
- userid：存储用户 id。
- tagweight：标签权重值。
- reserve：预留字段。
- data_date：数据日期分区，记录 ETL 的加工日期。
- tagtype：标签主题分区，按主题（如用户属性、用户行为类标签下的一级主题、二级主题）进行分区，可以在 ETL 调度的同时向该 Hive 表插入不同主题的标签数据，加快 ETL 调度速度。

插入标签后 userid 维度的用户标签数据存储格式如图 3-1 所示。

```
tagid           userid    tagweight    reserve    data_date    tagtype
--------------------------------------------------------------------------
A220U01_001     15996       ''           ''       20221001    userid_RFM
A220U02_001     19184       ''           ''       20221001    userid_RFM
A220U08_001     24414       ''           ''       20221001    userid_RFM
A220U08_001     28952       ''           ''       20221001    userid_RFM
A220U03_001     49787       ''           ''       20221001    userid_RFM
A220U03_001     50938       ''           ''       20221001    userid_RFM
A220U08_001     66031       ''           ''       20221001    userid_RFM
A220U04_001     14234       ''           ''       20221001    userid_RFM
A220U04_001     16423       ''           ''       20221001    userid_RFM
A220U05_001     32196       ''           ''       20221001    userid_RFM
A220U01_001     35326       ''           ''       20221001    userid_RFM
```

图 3-1 userid 维度的用户标签数据

在图 3-1 中，第一行记录表示 userid 为 15996 的用户身上带有 A220U01_001 标签（重要价值用户）。因为该标签为分类型标签，不需要具体数值表示权重，所以设置它对应的权重值为空字符串。

同样，用户其他id维度（如cookieid、deviceid、registerid等）的标签数据存储也可以使用上面案例中的表结构。

数据存储在HDFS上的分区格式如图3-2和图3-3所示。每个日期分区存储截至当天的全量用户数据，每天对应一份日全量数据。在每个日期分区下面通过设置标签主题（tagtype）的方式，存储某一个主题的标签，通过日期+标签主题的方式设置二级分区可以加快数据的查询速度。

```
hdfs://nameservice/user/hive/warehouse/dw.db/userprofile_tag_userid/data_date=20221001
hdfs://nameservice/user/hive/warehouse/dw.db/userprofile_tag_userid/data_date=20221002
hdfs://nameservice/user/hive/warehouse/dw.db/userprofile_tag_userid/data_date=20221003
hdfs://nameservice/user/hive/warehouse/dw.db/userprofile_tag_userid/data_date=20221004
hdfs://nameservice/user/hive/warehouse/dw.db/userprofile_tag_userid/data_date=20221005
hdfs://nameservice/user/hive/warehouse/dw.db/userprofile_tag_userid/data_date=20221006
hdfs://nameservice/user/hive/warehouse/dw.db/userprofile_tag_userid/data_date=20221007
hdfs://nameservice/user/hive/warehouse/dw.db/userprofile_tag_userid/data_date=20221008
hdfs://nameservice/user/hive/warehouse/dw.db/userprofile_tag_userid/data_date=20221009
hdfs://nameservice/user/hive/warehouse/dw.db/userprofile_tag_userid/data_date=20221010
hdfs://nameservice/user/hive/warehouse/dw.db/userprofile_tag_userid/data_date=20221011
hdfs://nameservice/user/hive/warehouse/dw.db/userprofile_tag_userid/data_date=20221012
```

图3-2 用户标签表日期分区

```
hdfs://nameservice/user/hive/warehouse/dw.db/userprofile_tag_userid/data_date=20221001/tagtype=new_member
hdfs://nameservice/user/hive/warehouse/dw.db/userprofile_tag_userid/data_date=20221001/tagtype=not_connet_rate
hdfs://nameservice/user/hive/warehouse/dw.db/userprofile_tag_userid/data_date=20221001/tagtype=order_max_amount
hdfs://nameservice/user/hive/warehouse/dw.db/userprofile_tag_userid/data_date=20221001/tagtype=order_min_amount
hdfs://nameservice/user/hive/warehouse/dw.db/userprofile_tag_userid/data_date=20221001/tagtype=pay_num
hdfs://nameservice/user/hive/warehouse/dw.db/userprofile_tag_userid/data_date=20221001/tagtype=purchase_latest_30_days
hdfs://nameservice/user/hive/warehouse/dw.db/userprofile_tag_userid/data_date=20221001/tagtype=purchase_latest_5_days
hdfs://nameservice/user/hive/warehouse/dw.db/userprofile_tag_userid/data_date=20221001/tagtype=purchase_latest_7_days
hdfs://nameservice/user/hive/warehouse/dw.db/userprofile_tag_userid/data_date=20221001/tagtype=purchase_past_year
hdfs://nameservice/user/hive/warehouse/dw.db/userprofile_tag_userid/data_date=20221001/tagtype=is_user_problem
hdfs://nameservice/user/hive/warehouse/dw.db/userprofile_tag_userid/data_date=20221001/tagtype=last_add_to_cart
hdfs://nameservice/user/hive/warehouse/dw.db/userprofile_tag_userid/data_date=20221001/tagtype=last_fav_goods
hdfs://nameservice/user/hive/warehouse/dw.db/userprofile_tag_userid/data_date=20221001/tagtype=last_visit
```

图3-3 用户标签表标签类型分区

2. 标签聚合

在上面的介绍中，用户的每个标签都会插入相应的分区，但是对于一个用户来说，打在他身上的全部标签存储在不同的分区下。

为了方便分析和查询单个用户的全部标签，需要对用户身上的标签做聚合处理。

标签聚合后将每个用户身上的全量标签聚合到一个字段中，表结构设计如下：

```
CREATE TABLE `dw.userprofile_tag_userid_map`(
`userid` string COMMENT 'userid',
`tagsmap` map<string,string> COMMENT 'tagsmap',
`reserve` string COMMENT '预留')
COMMENT 'userid 用户标签聚合'
PARTITIONED BY ( `data_date` string COMMENT '数据日期')
```

执行如下命令，按分区存储的标签进行聚合：

```
insert overwrite table dw.userprofile_tag_userid_map
    partition(data_date= "data_date")
    select userid,
        str_to_map(concat_ws(',',collect_set(concat(tagid,':',
            tagweight)))) as tagsmap,
        '' as reserve
    from dw.userprofile_tag_userid
    where data_date= " data_date "
group by userid
```

聚合后用户标签的存储格式如图 3-4 所示。

userid	tagsmap	data_date	reserve
300032591	{"B222_04_004":"3", "B222_04_005":"5", "B222_04_006":"26.0"}	20220801	''
300032311	{"B222_05_001":"134","B222_05_002":"25","B222_06_001":"0"}	20220801	''
300033219	{"A222_09_004": "123", "B222_05_002":"25","B222_04_005": "5"}	20220801	''
493233213	{"B222_05_001":"134","B222_06_001":"0"}	20220801	''
592381234	{"B222_05_001":"134", "B222_05_002":"25","A212_04_003": ""}	20220801	''

图 3-4 标签聚合数据

对用户身上的标签进行聚合，有助于后续的查询和计算。例如在画像产品中，输入用户 id 后通过直接查询该表，解析标签 id 和对应的标签权重后，即可在前端展示该用户的相关信息，如图 3-5 所示。

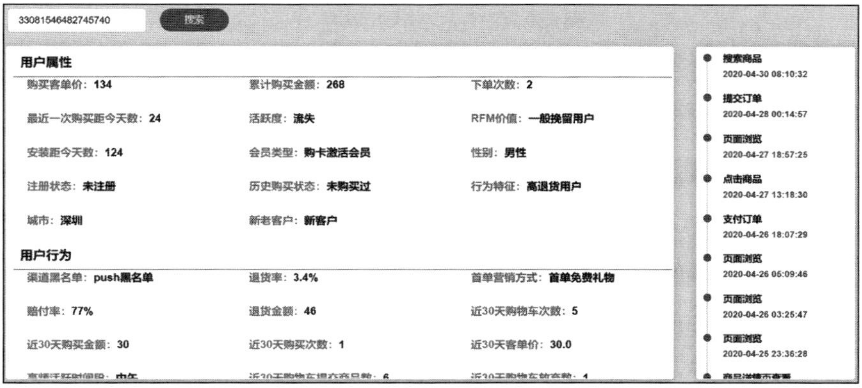

图 3-5　单用户标签查询

3. 用户属性宽表

上面两部分介绍的标签分区表和标签聚合表中的数据主要是为查询服务提供的，开发出来的数据会同步到 Redis、HBase、Elasticsearch 等用于检索查询。而用户宽表主要用在对用户的多维分析场景中。例如对用户按各个维度去做聚合，分析不同维度的分布特征，或者与行为日志关联后做用户行为的分析。

宽表示例如下：

```
create table dw.user_info (
    user_id         bigint   comment '用户编码',
    login_name      string   comment '登录名称',
    user_name       string   comment '用户姓名',
    user_status_id  int      comment '用户状态:0 未激活,1 已激活,
                                      2 作废',
    gender_id       int      comment '用户性别:1 男,2 女,3 未知',
    birthday        string   comment '用户生日',
```

```
    user_age              string    comment '用户年龄',
    source                string    comment '用户注册来源',
    cert_region_name      string    comment '证件归属地区域',
    phone_province        string    comment '手机归属地省份',
    city                  string    comment '城市',
    consume               string    comment '历史消费金额',
    member_type           string    comment '会员类型',
    active                string    comment '活跃度',
    action_feature        string    comment '行为特征',
)
row format delimited
fields terminated by '\t'
lines terminated by '\n'
stored as textfile
```

3.2.2 用户行为日志

行为日志一般由前端埋点，在用户发生行为动作时进行推送。例如用户访问了某个页面或者点击了某个按钮后，前端会采集用户行为日志记录并上报到后端的一个 API 接收地址，再由该 API 推送到 Kafka 中。推送到 Kafka 中的数据可以走实时任务和离线任务两条数据处理链路，如图 3-6 所示。如果走❶、❷、❸对应的实时消息链路，那么下游对接的是 Spark Streaming、Flink 等实时处理的任务，如果走❶、❷、❹对应的离线链路，那么日志数据经过 ETL 会写入行为日志表中。

行为日志表中的每条数据都对应用户的一个行为动作，一条原始的日志记录中应当包含用户的行为事件、事件的业务参数及事件的环境参数，如图 3-7 所示。基于行为日志可以做用户行为分析、用户特征挖掘，为优化运营策略、打标签、个性化内容推荐等应用提供底层的数据支持。表 3-1 展示了一个行为日志表一般会存储的字段。

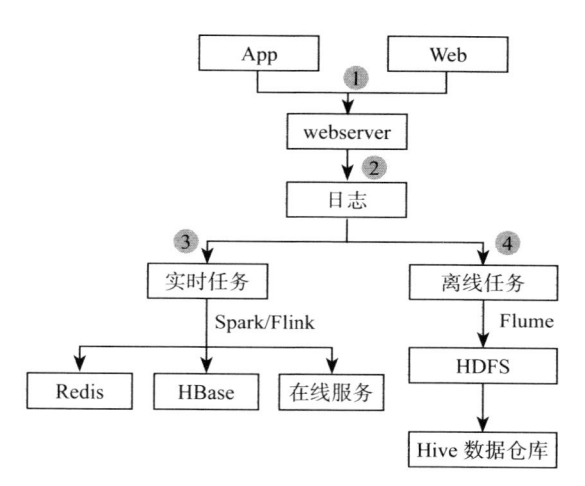

图 3-6　用户行为日志数据处理链路示意图

```
{
    "uuid": "dfdasfewsaf7777777",
    "userId": "10000001221",
    "eventName": "点击加购",
    "eventCode": "addToBag",
    "eventType": "click",
    "eventTime": 168135275400,
    "url": "https://www.testinfo.detail/userdetail",
    "bizParam": {
        "reportTime": "1669918688",
        "eventTime": "1669918688",
        "productId": "86634",
        "payDate": "2023-01-02",
        "fee": "180"
    },
    "envParam": {
        "os": "os x 10.15.4",
        "browserDesc": "browser_descink",
        "browserEngine": "Chrome 81.4404 on os",
        "browserVersion": "81.4404",
        "browserName": "Chrome",
        "sdkType": "php",
        "sdkVersion": "0.5.3",
        "bizLabel": "wsc_b"
    }
    ......
}
```

- 行为事件
- 事件的业务参数
- 事件的环境参数

图 3-7　原始的日志记录示意图

表 3-1　行为日志表存储的字段示例

字段	类型	字段定义	备注
uuid	String	访客 id	访客状态下的唯一标识，一般与设备有关
userId	String	注册 id	在平台注册的账号 id，登录状态下采集
eventName	String	事件名称	
eventCode	String	事件编码	
eventType	String	事件类型	访问、点击、曝光等
eventTime	Timestamp	事件时间	
url	String	页面 URL	
reportTime	Timestamp	上报时间	业务参数 bizParam 里面的字段
eventTime	Timestamp	发生时间	业务参数 bizParam 里面的字段
productId	String	商品 id	业务参数 bizParam 里面的字段
payDate	String	支付日期	业务参数 bizParam 里面的字段
fee	Double	价格	业务参数 bizParam 里面的字段
os	String	操作系统	环境参数 envParam 里面的字段
browserDesc	String	浏览器描述	环境参数 envParam 里面的字段
browserEngine	String	浏览器引擎	环境参数 envParam 里面的字段
browserVersion	String	浏览器版本	环境参数 envParam 里面的字段
browserName	String	浏览器名称	环境参数 envParam 里面的字段
sdkType	String	SDK 类型	环境参数 envParam 里面的字段
sdkVersion	String	SDK 版本	环境参数 envParam 里面的字段
bizLabel	String	业务标识	环境参数 envParam 里面的字段

基于行为日志表这份基础数据还可以进一步做用户特征库的建设，如基于特征库数据挖掘用户对商品、品类的偏好情况。例如，表 3-2 是一个用户行为特征库表结构示例，表 3-3 是一个事件名称维度表示例。

表 3-2　用户行为特征库表结构示例

字段	中文名	类型	示例
use_id	用户 id	String	1212983123
goods_id	商品 id	String	2835366

(续)

字段	中文名	类型	示例
event_code	埋点事件，事件名称	String	goodsdetail_reviews_more_click
event_value	事件统计值	Int	2
data_date	日期一级分区	String	20210828
attr_type	属性类型二级分区	String	1day/7day/15day/30day

表 3-3 事件名称维度表示例

事件	事件名称
addtobag_click	加购点击次数
addtobag_submit_click	加购提交点击次数
goods_click	商品点击次数
goodsdetail_click	详情页点击次数
goodsdetail_freegift_click	详情页新人礼包入口点击次数
key_addtobag_result	加购成功次数

3.2.3 各大数据组件的应用场景

由于 App 的数据量大且上层应用较多（如标签查询服务、圈人查询、行为分析、营销自动化等），因此需要考虑应用的性能，根据大数据组件的特点进行技术选型。

常用的大数据组件的特点及应用场景如表 3-4 所示。

表 3-4 常用的大数据组件的特点及应用场景

组件名称	特点	应用场景
Redis	基于内存存储的非关系型数据库。性能极高，能支持读速度 110000 次 /s、写速度 81000 次 /s	扛来自客户端的高 QPS 请求。如果用户数据量很大，只存储周活跃或者月活跃用户数据。剩下的兜底数据由 HBase 扛
HBase	列式存储，查询性能较高。适合根据 rowkey 直接查结果，不适用于复杂条件的查询	扛来自客户端的高 QPS 请求
ClickHouse	适用于在线分析查询	OLAP 分析
Elasticsearch	支持对海量数据的近实时处理	检索查询

当然，除了上面介绍的四种组件，还有很多其他的大数据组件，如 Impala、Kylin、Greeplum 等。它们的功能同样非常强大，不同的公司会有不同的技术选型，这里只分享一些选型的思路。

3.2.4 ～ 3.2.8 节主要介绍大数据相关的任务，包括数据建模、数据同步相关的内容。其实这类数据同步任务基本都是从数仓 Hive 写到各大数据组件，数据写入的 API 都是开源的，需要处理的是一些业务层面的逻辑，比如读取哪个表的哪些字段、写到哪个表的哪个字段、配置大数据组件的连接地址等。

一般甲方公司都会有自研的数据中台去做此类的异构数据抽取同步工作，如果是乙方公司（如 SaaS 公司）去服务甲方客户，一般也会预先定义好数据输入/输出的数据模型，按标准的输入模型对甲方的数据进行治理，然后通过相关的数据抽取任务的 Spark 的 jar 包去执行数据治理任务，最后读取标准的治理后的数据源，写入 SaaS 产品连接的大数据组件对应的库表中。

3.2.4 热点数据同步 Redis

Redis 是一个具有超高性能的 key-value 数据库，它将数据存储在内存中（也可以通过磁盘实现数据的持久化存储），读写速度比磁盘高出好几个数量级。Redis 可支持读速度 110 000 次/s、写速度 81 000 次/s，被广泛应用于缓存中。

Redis 常用于缓存一些被经常访问的热点数据，以便让服务尽快地查到它们。在画像的标签查询服务场景中，一般公司在技术选型时可能会考虑使用 HBase。但如果查询服务每天都面临很大的调用量、流量高峰时期 QPS 能达到几万甚至几十万，HBase 可能就没办法支持这种场景了。此时需要把用户的标签数据主动缓存到 Redis 中，在查询调用时通过用户 id 查询其对应的标签。

当然 Redis 作为一款内存数据库，并不适合存储大量数据。如果用户标签相关数据的量级很大，达到几百 GB 甚至几 TB，则不适合将所有的用户数据都存放到 Redis 中，可以考虑只将周活跃、月活跃的用户热点数据主动缓存进 Redis。

下面通过 Scala 的代码示例，介绍如何把标签数据从 Hive 表写入 Redis。

首先配置 Redis 的连接信息：

```scala
object RedisClient {
    private[this] var jedisPool: JedisPool = _

    val config = new JedisPoolConfig
    config.setMaxTotal(1000)           // 最大活动对象数
    config.setMaxIdle(100)             // 最大能够保持空闲状态的对象数
    config.setMinIdle(50)              // 最小能够保持空闲状态的对象数
    config.setMaxWaitMillis(1000)      // 当池内没有返回对象时的最大等待
                                       //   时间

    private[this] val getJedisPool = (ip:String, port:Int,
        password:String) => {

        if (jedisPool == null) {
            val pool: JedisPool = new JedisPool(config, ip,
                port, 1000, password)
            jedisPool = pool
        }
        jedisPool
    }
```

```scala
def get(ip:String, port:Int, password:String) = {
    try {
        getJedisPool(ip, port.toInt, password).getResource
    } catch {
        case ex: Exception=> {
            Thread.sleep(10)
            try {
                    new JedisPool(config, ip, port, 1000,
                        password)
            } catch {
                case e: Exception => throw e
            }
        }
    }
}
```

通过 pipeline 将数据批量写入 Redis：

```scala
object RedisUtils {
    def pipeLineHmset(lst: List[(String, Map[String, String])],
        expire:Int)
                (jedis: Jedis): Boolean = {
        try {
            val pipe = jedis.pipelined()
            lst.foreach{ f=>
                val key = f._1
                pipe.hset(key.toString.getBytes("UTF-8"), f._1.
                    getBytes("UTF-8"), f._2.getBytes("UTF-8"))
            // 设置 key 的过期时间 expire
                pipe.expire(f._1, expire)
            }
            pipe.sync()
            true
        } catch {
            case ex: Exception => throw ex
                false
        }
    }
}
```

第3章 App场景 ❖ 55

在主函数中执行 Spark 任务读取 Hive 标签表中的数据,写入 Redis。

```
object Hive2RedisStandalone {
    def main(args: Array[String]): Unit = {
        val spark = SparkSession.builder()
            .AppName("Hive2Redis")
            .config("spark.serializer", "org.apache.spark.
                serializer.KryoSerializer")
            .config("spark.dynamicAllocation.enabled", "false")
            .enableHiveSupport()
            .getOrCreate()

        val datadate = args(0)
        // Redis 的 IP
        val redisIp = args(1)
        // Redis 的端口
        val redisPort = args(2)
        // Redis 的密码
        val password = args(3)
        // Redis 的过期时间
        val expireDay = args(4)

        // 读取 Hive 表中的用户标签
        import spark.sql
        val activeUserGroupDF = sql(
            s"""
               | select userid,tagsmap from dw.userprofile_
                    tag_userid_map where p_date = '${datadate}'
               |""".stripMargin)

        activeUserGroupDF.rdd.map {
            row => {
                val id = row.getAs[String]("userid")
                val tags = row.getAs[Map[String, String]]
                    ("tagsmap").mapValues(f => if (f == null)
                    "-999999" else f)
                (id, tags)
            }
        }.filter(!_._1.equals("-1")).coalesce(10, shuffle =
```

```
true).foreachPartition(itor => {
val userList = itor.toList
if (userList.nonEmpty) {
    for (i <- 0 to(userList.size, 1000)) {
        // 设置超时时间，加入随机时间，防止Redis雪崩
        val expireTime = 3600 * 24 * Integer.
            valueOf(expireDay) + Random.
            nextInt(12) * 3600;
        var rows1000: List[(String, Map[String,
            String])] = null
        var jedis : Jedis = null
        try {
            jedis = RedisClient.get(redisIp,
                redisPort.toInt, password)
            rows1000 = userList.slice(i, i+1000)
            // 写数据
            RedisUtils.pipeLineHmset(rows1000,
                expireTime)(jedis)
        } catch {
            case ex: Exception =>
                println(s">>> 数据同步问题，
                    原因:${ex.printStackTrace()}")
        } finally {
            if (jedis != null) {
                jedis.close()
            }
        }
    }
}
})
}
}
```

在该流程中，读取的 Hive 表是 3.2.1 节介绍的标签聚合表（dw.userprofile_tag_userid_map），在写入数据时，设置了每 1000 条记录执行一次写入操作，同时设置了 key 的 TTL 为 3～7 天，这样即使某天数仓的数据同步出现问题，也能保证 Redis 中的 key 是能用的。

3.2.5 查询服务数据同步 HBase

HBase 是一个高性能、列存储、可伸缩、实时读写的分布式存储系统，同样运行在 HDFS 上。与 Hive 不同的是，HBase 能够在数据库上实时运行，而不是运行 MapReduce 任务，适合用来进行大数据的实时查询。

在用户标签相关数据的查询场景中，数据工程师一般会将相关的数仓数据同步到 HBase 中，让 HBase 去支持来自客户端的查询请求。比如，在用户启动 App、来到 App 首页、进入详情页等场景中，客户端都会收到个性化的消息推送，如启动 App 等待时的开屏广告、在 App 首页的广告轮播、feed 消息、进入详情页的消息弹窗等。这些推送消息背后都有负责各个模块的工程师去查询请求该用户的相关标签，根据获取到的标签数据进行个性化展示、推送。因此，这类场景对用户标签数据的查询服务的性能要求很高。

一般来说，在每天调用量不大、QPS 峰值不高时，可以选用 HBase 去处理这些请求。如果根据服务调用日志发现超时率、错误率较高（如超过万分之五或万分之十），则说明 HBase 的性能可能达到了瓶颈（排除网络带宽因素），这时可以选用 Redis 缓存热点数据作为优化方案，具体方案细节可参见 3.4 节。

画像系统每天在 Hive 里得到的结果集数据可同步到 HBase 数据库中用于线上实时应用的场景，具体实现过程如下。

创建 HBase 表：

```
create 'usergroup_hbase', { NAME => "f", BLOCKCACHE => "true" ,
```

```
BLOOMFILTER => "ROWCOL" , COMPRESSION => 'snAppy', IN_
MEMORY => 'true' }, {NUMREGIONS => 10,SPLITALGO =>
'HexStringSplit'}
```

将待同步的数据写入 HFile，HFile 中的数据以键值对的方式存储，然后将 HFile 数据使用 bulkload 批量写入 HBase 集群中。Scala 脚本执行如下：

```
import org.apache.hadoop.fs.{FileSystem, Path}
import org.apache.hadoop.hbase.client.ConnectionFactory
import org.apache.hadoop.hbase.{HBaseConfiguration, KeyValue,
    TableName}
import org.apache.hadoop.hbase.io.ImmutableBytesWritable
import org.apache.hadoop.hbase.mapreduce.{HFileOutputFormat2,
    LoadIncrementalHFiles}
import org.apache.hadoop.hbase.util.Bytes
import org.apache.hadoop.mapreduce.Job
import org.apache.spark.sql.SparkSession

object Hive2Hbase {
    def main(args: Array[String]): Unit = {
        // 传入日期参数和当前活跃的 master 节点
        val data_date = args(0)
        val node = args(1)

        val spark = SparkSession
            .builder()
            .AppName("Hive2Hbase")
            .config("spark.serializer","org.apache.spark.
                serializer.KryoSerializer")
            .config("spark.storage.memoryFraction", "0.1")
            .config("spark.shuffle.memoryFraction", "0.7")
            .config("spark.memory.useLegacyMode", "true")
            .enableHiveSupport()
            .getOrCreate()

        val Data = spark.sql(s"select cookieid,tagsmap from
```

```
    dw.userprofile_tag_usergroup where data_date =
    '${data_date}' ")
val dataRdd = Data.rdd.flatMap(row => {
    val rowkey = row.getAs[String]("cookieid".
        toLowerCase)
    val tagsmap = row.getAs[Map[String, Object]]
        ("tagsmap".toLowerCase)

    val sbkey = new StringBuffer() // 对MAP结构进行转化
    val sbvalue = new StringBuffer()
    for ((key, value) <- tagsmap){
        sbkey.Append(key + ":")
        val tagweight = if (value == ""){
            "-999999"
        } else {
            value
        }
        sbvalue.Append(tagweight + ":")
    }
    val item = sbkey.substring(0,sbkey.length -1)
    val score = sbvalue.substring(0,sbvalue.length -1)
    Array(
        (rowkey,("f","i",item)),
        (rowkey,("f","s",score))
    )
})

// 要保证行键、列族、列名的整体有序
val rdds = dataRdd.filter(x=>x._1 != null).sortBy(x=>
    (x._1,x._2._1,x._2._2)).map(x => {
    //KeyValue的实例为value
    val rowKey = Bytes.toBytes(x._1)
    val family = Bytes.toBytes(x._2._1)
    val colum = Bytes.toBytes(x._2._2)
    val value = Bytes.toBytes(x._2._3.toString)
    (new ImmutableBytesWritable(rowKey), new
        KeyValue(rowKey, family, colum, value))
})
```

```
// 临时文件保存位置，在 HDFS 上
val tmpdir = "hdfs://" + node.toString + ":8020/user/
    bulkload/hfile/hbase_usertags_" + data_date
val hconf = new Configuration()
hconf.set("fs.defaultFS", s"hdfs://${node.toString}/")

val fs = FileSystem.get(new URI(s"hdfs://${node.
    toString}"), hconf, "dw")
// 生成 HFile 文件的目录必须是不存在的，如果存在则需要将它删除
if (fs.exists(new Path(tmpdir))){
    println(" 删除临时文件夹 ")
    fs.delete(new Path(tmpdir), true)
}
// 配置 HBase
val conf = HBaseConfiguration.create()
    conf.set("hbase.zookeeper.quorum", "10.xxx.xxx.
        xxx,10.xxx.xxx.xxx")
    conf.set("hbase.zookeeper.property.clientPort", "8020")

    // 为了预防 HFile 文件过多无法导入，需要设置以下参数值
conf.setInt("hbase.hregion.max.filesize", 10737418240)
    conf.setInt("hbase.mapreduce.bulkload.max.hfiles.
        perRegion.perFamily", 3200)

// 此处运行完成之后，在 tmpdir 生成的 HFile 文件
rdds.saveAsNewAPIHadoopFile(tmpdir,
    classOf[ImmutableBytesWritable],
    classOf[KeyValue],
    classOf[HFileOutputFormat2],
    conf)
// 将 HFile 导入 HBase，此处都是 HBase 的 API 操作
val load = new LoadIncrementalHFiles(conf)

//HBase 的表名
val tableName = " usergroup_hbase_20190101"
// 创建 HBase 的链接，利用默认的配置文件，实际上读取的是 HBase 的
    master 地址
val conn = ConnectionFactory.createConnection(conf)
// 根据表名获取表
```

```
        val table = conn.getTable(TableName.valueOf(tableName))
        try {
            // 获取 HBase 表的 region 分布
            val regionLocator = conn.getRegionLocator(TableName.
                valueOf(tableName))
            // 创建一个 Hadoop 的 MapReduce 的 job
            val job = Job.getInstance(conf)
            // 设置 job 名称，随便起一个就行
            job.setJobName("hive2hbase")
            // 此处最重要，需要设置文件输出的 key，因为我们要生成
                HFile，所以 outkey 要用 ImmutableBytesWritable
            job.setMapOutputKeyClass(classOf[ImmutableBytesWr
                itable])
            // 输出文件的内容 KeyValue
            job.setMapOutputValueClass(classOf[KeyValue])
            // 配置 HFileOutputFormat2
            HFileOutputFormat2.configureIncrementalLoad(job,
                table, regionLocator)
            // 开始导入
            load.doBulkLoad(new Path(tmpdir), conn.getAdmin,
                table, regionLocator)
        } finally {
            table.close()
            conn.close()
        }
        spark.close()
    }
}
```

提交 Spark 任务，将 Hive 表中的数据加载到 HBase 中。执行完成后，可以在 HBase 中看到该数据已经写入 usergroup_hbase 中。

3.2.6　OLAP 分析数据同步 ClickHouse

OLAP（联机分析处理）又称为多维分析处理，是指通过多维度

审视数据，进行深层次分析。在用户行为分析的场景中，OLAP 的本质是对不同维度进行上卷和下钻处理。OLAP 的概念最初是建立在关系型数据库的基础上的，将分析操作转化成 SQL 查询。但是，考虑到互联网时代用户行为数据的海量存储需求，传统的关系型数据库已经不能支撑这类数据的存储和查询，因此需要用到 MPP（Massively Parallel Processing，大规模并行处理）数据库。MPP 数据库包括 Greenplum、Kylin、ClickHouse 等。

ClickHouse 是俄罗斯的 Yandex 在 2016 年开源的一个高性能分析型数据库，主要面向 OLAP 场景，它的优点包括：

- 数据按列存储，非常适合大批量数据的聚合计算。
- 支持类 SQL 的查询命令，支持诸多库函数、数组和嵌套数据结构。
- 数据写入速度非常快，为 50～200 MB/s，适合大批量数据更新。

当然 ClickHouse 也存在一些缺点：

- 不支持高并发查询，官方建议将 QPS 设置为 100。
- 不支持事务，不支持真正的更新/删除。
- 大表之间的 JOIN 查询非常慢。

在用户多维度分析场景中需要用到用户的属性数据和行为日志数据，因此需要把对应的数据从数据仓库中的 Hive 表同步到 ClickHouse。数据写入的方式有很多，列举如下。

方式一：将 Hive 表的数据导出为 csv 文件，然后通过命令行把数据加载到 ClickHouse 的表中。

方式二：开发 Spark 任务读取 Hive 表的数据，通过 API 写入

ClickHouse 表中。

方式三：通过 shell 脚本读取 Hive 表对应的 HDFS 数据后直接插入 ClickHouse。

3.2.7 检索数据同步 Elasticsearch

1. Elasticsearch 的特点

Elasticsearch 是一个开源的分布式全文检索引擎，可以近乎实时地存储、检索数据。它的扩展性很好，可以扩展到上百台服务器，处理 PB 级别数据。对于响应时间要求较高的场景，例如用户标签查询、用户人群计算、用户群多维透视分析等，同样可以考虑选用 Elasticsearch 进行存储。

Elasticsearch 是面向文档型数据库，一条数据在这里就是一个文档，用 JSON 作为文档格式。

在关系型数据库中查询数据时可通过选中数据库、表、行、列来定位要查找的内容，在 Elasticsearch 中查询数据时可通过索引（index）、类型（type）、文档（document）、字段来定位要查找的内容。一个 Elasticsearch 集群可以包含多个索引（数据库），也就是说，其中包含了很多类型（表），这些类型包含了很多文档（行），然后每个文档又包含了很多字段（列）。Elasticsearch 可以使用 Java API 进行交互，也可以使用 HTTP 的 RESTful API 进行交互。

2. Elasticsearch 在画像中的应用场景

使用 Elasticsearch 存储的用户数据一般可用于三个场景：

1)基于用户 id 或用户 + 标签的方式查询某用户身上的标签或标签值。

2)基于标签的组合条件查询对应的覆盖人群,从多维度透视分析人群的分布特征。

3)存储用户的行为日志或用户与客服人员的聊天记录(企业微信场景会用到),用于查看历史情况。

Elasticsearch 在上面三种场景中都是一种可行的方案,但在具体工程实施中,不同的公司可以有不同的方案。比如在场景一中可以使用 Redis+HBase 方案,场景二的圈选人群和场景三的存储日志记录可以使用 ClickHouse 方案。

对聚合后的用户标签表 dw.userprofile_tag_userid_map(3.2.1 节)中的数据进行清洗,过滤掉一些无效字符,以满足导入 Elasticsearch 的条件,如图 3-8 所示。

userid	tagsmap	data_date
300032591	{"B222_04_004":"3", "B222_04_005":"5", "B222_04_006":"26.0"}	20220801
300032311	{"B222_05_001":"134", "B222_05_002":"25","B222_06_001":"0"}	20220801
300033219	{"A222_09_004": "123", "B222_05_002":"25","B222_04_005": "5"}	20220801
493233213	{"B222_05_001":"134","B222_06_001":"0"}	20220801
592381234	{"B222_05_001":"134", "B222_05_002":"25","A212_04_003": ""}	20220801

图 3-8 标签聚合数据

然后将 dw.userprofile_tag_userid_map 数据写入 Elasticsearch 中,Scala 代码执行如下:

```
object HiveDataToEs {

    def main(args: Array[String]): Unit = {
```

```
val spark = SparkSession.builder()
    .AppName("EsData")
    .config("spark.serializer", "org.apache.spark.
       serializer.KryoSerializer")
    .config("spark.dynamicAllocation.enabled", "false")
    .config("es.index.auto.create", "true")
    .config("es.nodes", "10.xx.xx.xx")
    .config("es.batch.write.retry.count", "3")
    // 默认重试 3 次
    .config("es.batch.write.retry.wait", "5")
    // 每次重试等待 5s
    .config("thread_pool.write.queue_size", "1000")
    .config("thread_pool.write.size", "50")
    .config("thread_pool.write.type", "fixed")
    .config("es.batch.size.bytes", "20mb")
    .config("es.batch.size.entries", "2000")
    .config("es.http.timeout","100m")
    .enableHiveSupport()
    .getOrCreate()

val data_date  = args(0).toString
import spark.sql

val hiveDF = sql(
    s"""
        | SELECT userid, tagsmap FROM
           dw.userprofile_tag_userid_map where
           data_date = '${data_date}'
    """.stripMargin)
    // dw.userprofile_tag_userid_map 在 3.2.1 节中讲过，
       是聚合用户标签的表

val rdd = hiveDF.rdd.map {
    row => {
        val userid = row.getAs[String]("userid")
        val map   = row.getAs[Map[String, Object]]
           ("tagsmap")
        Map("userid" -> userid, "tags" -> map)
    }
```

```
        }
        EsSpark.saveToEs(rdd , data_date+"_userid/tags",
            Map[String,String]("es.mApping.id"->"userid")
        spark.stop()
    }
}
```

工程依赖如下：

```
<dependency>
    <groupId>org.elasticsearch</groupId>
    <artifactId>elasticsearch-hadoop</artifactId>
    <version>6.4.2</version>
</dependency>
```

任务完成后，写到 Elasticsearch 中的每条数据的格式如下：

```
{
    "userid":"36919536708319414",
    "tagsmap":{
        "A112_01_002":"",
        "A112_02_001":"",
        "A212_04_002":"",
        "A112_03_006":"",
        "A222_09_001":"74",
        "A222_09_002":"5",
        "A222_09_003":"370",
        "A222_09_004":"245",
        "B222_04_001":"3",
        "B222_04_002":"78"
    },
    "datadate":"2022-01-01"
}
```

3.2.8　业务数据同步 MySQL

客服人员在接到咨询或投诉类电话时，需要根据当前用户的画像来针对性地解答，提供服务。用户的基础信息如性别、年龄、地域、历史购买商品、历史咨询、历史维修等都可以在画像中看到。

将 Hive 中存储的与用户身份相关的数据同步到客服系统中，首先在 Hive 中建立一张记录用户身份相关信息的表（dw.userprofile_userservice_all），设置日期分区以满足按日期需要选取当前人群。

```
CREATE TABLE `dw.userprofile_userservice_all `(
`user_id` string COMMENT 'userid',
`user_sex` string COMMENT 'user_sex',
`city` string COMMENT 'city',
`payid_money` string COMMENT 'payid_money',
`payid_num` string COMMENT 'payid_num',
`latest_product` string COMMENT 'latest_product',
`date` string COMMENT 'date',
`data_status` string COMMENT 'data_status')
COMMENT 'userid 用户客服数据'
PARTITIONED BY ( `data_date` string COMMENT '数据日期')
```

在 MySQL 中建立一张用于接收同步数据的表（userservice_data）。

```
CREATE TABLE `userservice_data` (
    `user_id` varchar(128) DEFAULT NULL COMMENT '用户id',
    `user_sex` varchar(128) NOT NULL COMMENT '用户性别',
    `city` varchar(128) DEFAULT NULL COMMENT '城市',
    `payid_money` varchar(128) DEFAULT NULL COMMENT '消费金额',
    `payid_num` varchar(128) DEFAULT NULL COMMENT '消费次数',
    `latest_product` varchar(128) DEFAULT NULL COMMENT '最近购
        买产品',
    `date` varchar(64) NOT NULL COMMENT '传输日期',
    `data_status` varchar(64) DEFAULT '0' COMMENT '0:未传输,1:
        传输中,2:成功,3:失败',
    PRIMARY KEY (`user_id`),
) ENGINE=InnoDB AUTO_INCREMENT=2261628 DEFAULT CHARSET=utf8
    COMMENT='用户客服数据表';
```

如果公司建立了数据中台，则可通过数据同步工具进行配置化抽取，如果公司没有建立中台，开发人员也可以通过 Python 脚本调用 shell 命令，将 Hive 中的数据同步到 MySQL 中。脚本示例如下：

```python
# -*- coding: utf-8 -*-
import os
import MySQLdb
import sys

def export_data(Hive_tab, data_date):
    sqoop_command = "sqoop export --connect jdbc:mysql://10.
        xxx.xxx.xxx:3306/mysql_database --username username
        --password password   --table userservice_data
        --export-dir hdfs://nameservice1/user/Hive/warehouse
/dw.db/" + Hive_tab + "/data_date=" + data_date + " --input-
    fields-terminated-by '\001'"
    os.system(sqoop_command)
    print(sqoop_command)

if __name__ == '__main__':
    export_data("dw.userprofile_userservice_all", '20181201')
```

其中用到了 Sqoop 从 Hive 导出数据到 MySQL 的命令：

```
sqoop export
--connect  指定 JDBC 连接字符串，包括 IP 端口、数据库名称 \
--username  JDBC 连接的用户名 \
--passowrd  JDBC 连接的密码 \
--table    表名 \
--export-dir  导出的 Hive 表，对应的是 HDFS 地址 \
--input fileds-terminated-by ','  分隔符号
```

3.2.9 实时类数据处理

不同行业、不同企业对实时类场景的需求不同。例如，电商行业需要基于用户实时行为做营销内容推送，互联网金融行业需要对用户实时行为做身份鉴别，安防行业需要基于用户实时行为做预警

管控。虽然业务场景各不相同，但在技术实现层面上有相通之处。简单来说，实时类数据处理可分为 3 个阶段：数据接入与消费、对数据进行业务逻辑处理、将处理结果推送给下游服务。

1. 数据接入与消费

实时数据的接入一般都会将行为日志推送到 Kafka 中，消费实时数据可以通过 Spark Streaming、Flink 等完成。

Kafka 的核心功能是作为分布式消息中间件。Kafka 集群由多个 broker 组成，其中消息的生产者称为 producer，消息的消费者称为 consumer，broker 是消息处理的节点。topic 是数据主题，用来区分不同的业务系统，消费者通过订阅不同的 topic 来消费不同主题的数据，每个 topic 又可分为多个 partition（分区），每个 partition 都是一个有序队列。offset（偏移）用于定位消费者在每个 partition 中消费的位置。

Kafka 对外使用 topic 概念，生产者向 broker 中指定的 topic 写入消息，消费者从 broker 中拉取指定的 topic 消息，然后进行业务处理，如图 3-9 所示。

Spark Streaming 消费 Kafka 对应的 topic 数据，解析后进行业务逻辑处理。

2. 对数据进行业务逻辑处理

数据的业务逻辑处理千差万别，需要根据需求场景去写对应的业务逻辑代码。业务逻辑过程的中间数据如果量级较小，可以存储在内存中；如果中间数据量级较大，可以暂时存储在 MySQL 中。

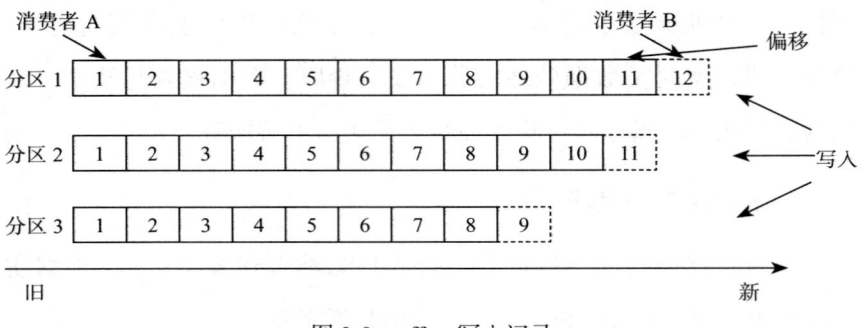

图 3-9　offset 写入记录

3. 将处理结果推送给下游服务

下游服务有多种接收方式，可以通过 Redis、MySQL 等数据库接收处理的结果，也可以通过接口的方式接收处理的结果。具体的接收方式需要和对应部门的同事沟通、协商。

3.3　App 场景主要功能

3.3.1　报表查看

App 端的报表查看可分为两种类型：固定表头报表查看和自定义报表查看。

固定表头报表：根据企业关注的重点指标进行配置与数据接入。比如业务人员重点关注日活用户、每日新增用户、GMV、付费用户等维度，那么可以把这些指标开发成固定样式的报表，每天大数据任务完成后会把数据自动更新到对应的库表中，如图 3-10 所示。

自定义报表：可根据分析模型自定义分析维度，并将规则保存成模板，需要看每天的数据时，进入模板即可查看当前模板下最新数据的表现情况。这种报表一般用在分析模型如行为事件分析、留存分析、分布分析、人群多维度分析等场景中。根据分析需要建立好模型并保存，后续可查看该模型每天的数据报表。注意这里保存的是模型规则，查看的是每天最新数据在该规则下的表现情况。

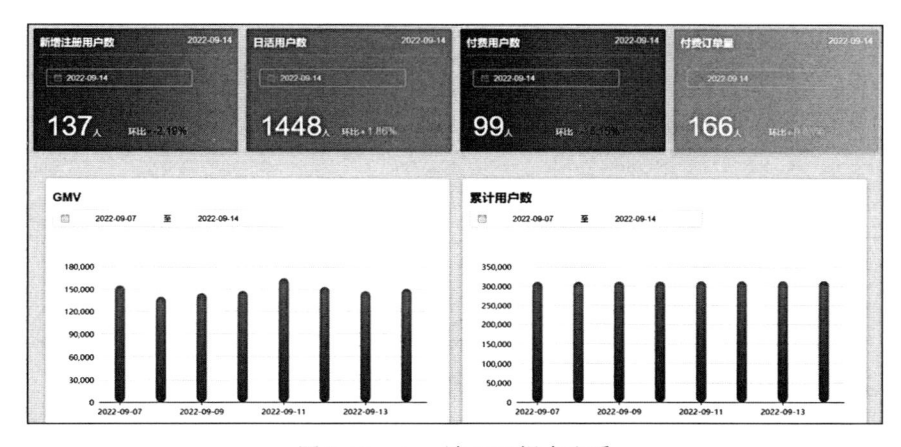

图 3-10　App 端 KPI 报表查看

3.3.2　标签管理

标签管理模块主要包括标签视图、标签详情页、标签元数据管理等几个子项目。

标签视图可层级化展示企业当前管理维护的所有标签，查看不同层级不同分类下的标签明细，如图 3-11 所示。

标签详情页可查看标签的详细信息，包括标签的元数据介绍（如标签的层级分类、开发方式、业务定义、负责人等）、标签每日覆盖用户量（可用于标签数量的质检）、标签在本级分类下的覆盖人数占比，如图 3-12 所示。

72 ❖ 用户画像：全渠道画像方法与实践

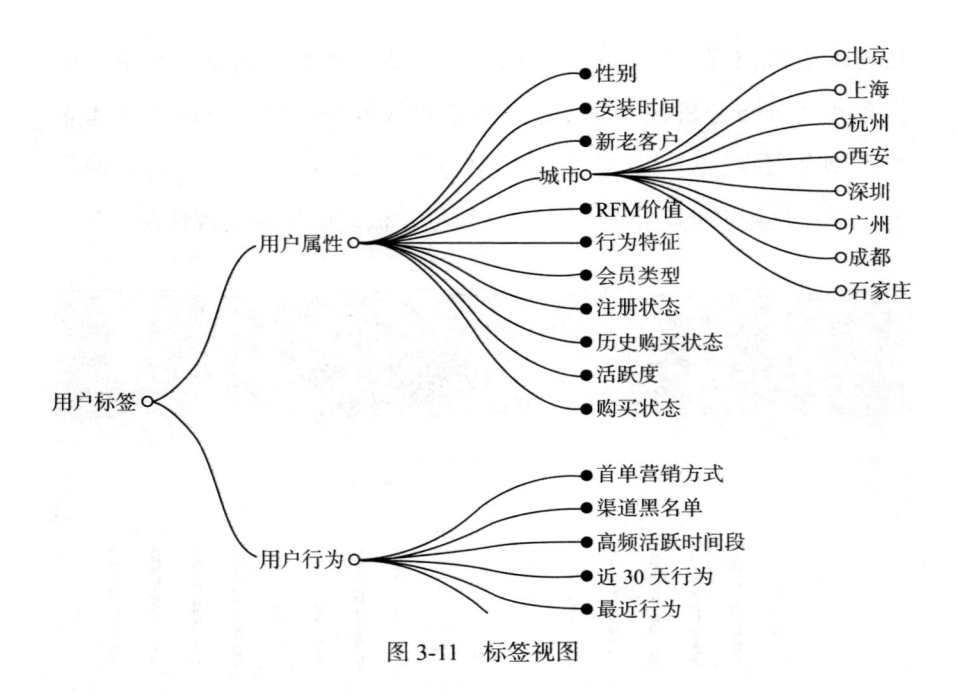

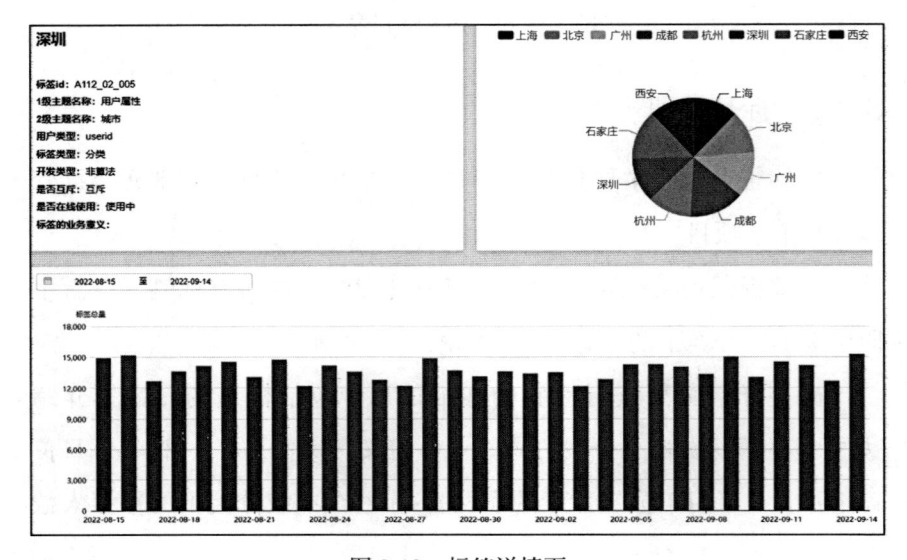

```
用户标签
├── 用户属性
│   ├── 性别
│   ├── 安装时间
│   ├── 新老客户
│   ├── 城市
│   │   ├── 北京
│   │   ├── 上海
│   │   ├── 杭州
│   │   ├── 西安
│   │   ├── 深圳
│   │   ├── 广州
│   │   ├── 成都
│   │   └── 石家庄
│   ├── RFM价值
│   ├── 行为特征
│   ├── 会员类型
│   ├── 注册状态
│   ├── 历史购买状态
│   ├── 活跃度
│   └── 购买状态
└── 用户行为
    ├── 首单营销方式
    ├── 渠道黑名单
    ├── 高频活跃时间段
    ├── 近30天行为
    └── 最近行为
```

图 3-11 标签视图

深圳
标签id：A112_02_005
1级主题名称：用户属性
2级主题名称：城市
用户类型：userid
标签类型：分类
开发类型：非算法
是否互斥：互斥
是否在线使用：使用中
标签的业务意义：

图 3-12 标签详情页

在标签元数据管理模块中,可以录入、编辑标签的元数据信息,如图 3-13 所示。该元数据信息与大数据跑批出来的用户标签事实数据可通过 codeMap 进行转换。

图 3-13 标签元数据管理

一般而言,标签管理功能只负责管理标签的元数据相关信息。标签的生产是由数据分析师或者数据仓库开发人员写 SQL 放到 Hive 上跑大数据任务,然后给用户打标签的。如果公司对标签的需求量很大或者公司的画像平台做得很完善,可以支持基于用户属性 + 用户行为定义好规则(与圈选人群包的逻辑类似),那么后台的大数据任务会自动根据规则拼接出 SQL 命令,执行大数据跑批打标签任务,从而实现"自动化打标签"。

3.3.3 单用户画像查看

通过用户的 userid 可以查看该用户的全部标签数据,以及在平台上的行为路径，如图 3-14 所示。

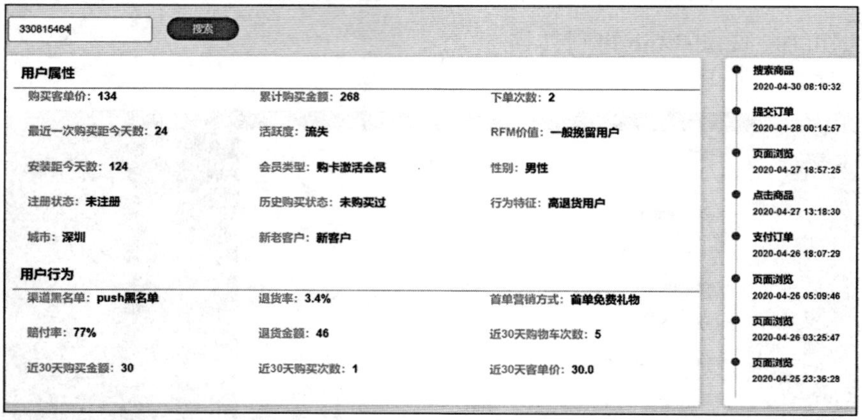

图 3-14　查看单用户画像

单用户画像数据的查询分为两部分，一部分是用户的标签事实数据，另一部分是标签元数据。标签的事实数据存储在 HBase、Elasticsearch 等大数据组件中，在接口查询时先查询用户的标签数据值，如图 3-15 所示，然后根据标签元数据信息（在标签管理中编辑后存储到关系型数据库中，如图 3-16 所示），将查询到的标签 code 值转化成实际标签含义。

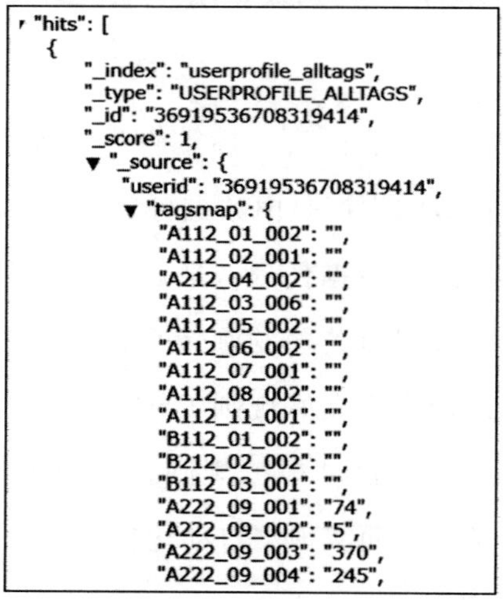

图 3-15　存储在 Elasticsearch 中的标签数据

tag_id	tag_name	level_1_name	level_2_name	english_name
A112_06_002	已注册	用户属性	注册状态	register
A112_07_001	购买过	用户属性	历史购买状态	purchase_state
A112_07_002	未购买过	用户属性	历史购买状态	purchase_state
A112_08_001	高活跃	用户属性	活跃度	active
A112_08_002	中活跃	用户属性	活跃度	active
A112_08_003	低活跃	用户属性	活跃度	active
A112_08_004	流失	用户属性	活跃度	active
A112_11_001	新客户	用户属性	新老客户	customer
A112_11_002	老客户	用户属性	新老客户	customer
A212_04_001	高重复咨询用户	用户属性	行为特征	act_feature

图 3-16 标签元数据信息示例

3.3.4 用户人群创建

在用户人群列表页可查看、编辑当前已创建的人群，如图 3-17 所示。

分群	人群描述	人数	创建时间	创建者	操作
user_group_0001	近期购买过且仍有购买意愿的女性用户	1474	2022-08-28 17:43:37	管理员	
user_group_0002	活动期间购买过的男性用户	1431	2022-08-28 17:29:10	管理员	
user_group_0005	消费金额大于10000元的用户	4457	2022-08-28 17:33:50	管理员	
user_group_0006	30岁以下人群	548	2022-08-10 20:25:38	管理员	

图 3-17 用户人群列表页

用户人群包的定义与计算在画像里面是一个非常常见且非常重要的模块。App 产品可以采集到用户在线上填写表单、提交订单等业务类数据，也可以采集到用户在 App 上浏览、收藏、退出、取关等行为类日志。基于这两类数据可以治理出用户属性宽表与行为日志表。

如图 3-18 所示，在"用户属性满足"模块中选择的过滤条件和过滤数值其实对应的是用户属性宽表中的字段和字段值。在"用户行为满足"模块中选择的过滤条件和判断条件其实对应的是行为日志表中的行为日期、行为事件、行为次数等字段/字段值。通过各条件之间的"或""且"等关系对查询命令进行组装、拼接，将拼接后的查询 SQL 放到 ClickHouse 或 Impala 上执行，获取到的查询结果值即覆盖的用户人数。

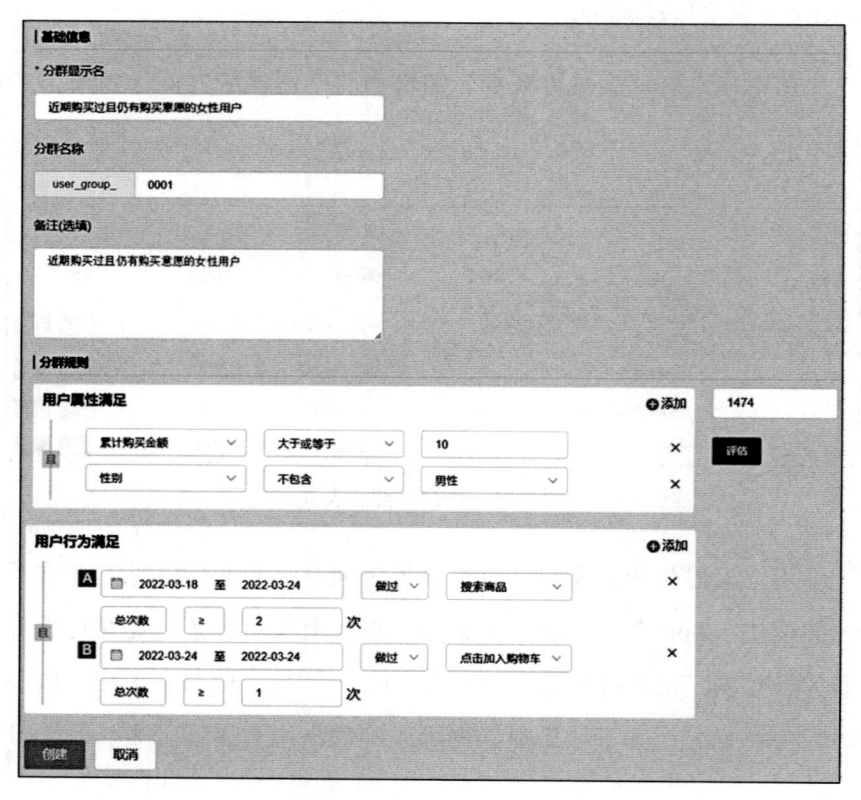

图 3-18　用户人群创建页

3.3.5 人群多维度分析

基于 3.3.4 节中圈选保存的目标人群，可筛选分析维度去分析目标人群在各维度上的分布特征。可在"请选择人群"下拉框中选择需要分析的人群名称，在分析维度中自定义选择分析维度，查看当前人群在不同维度下的数据分布特征，如图 3-19 所示。

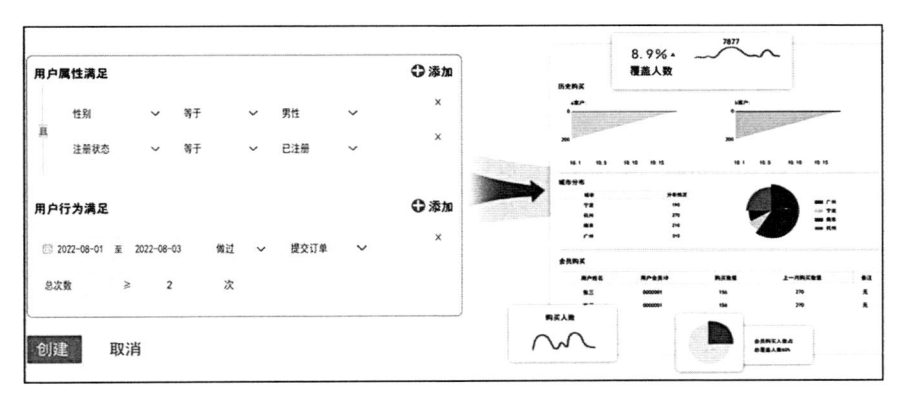

图 3-19　创建人群多维度分析

人群分析本质上是对不同维度进行分组统计，每一个分析维度其实对应的是宽表中的每一列字段，如城市对应 city，RFM 价值对应 rfm 字段。在分析时，我们是对这些字段进行分组统计，例如使用类似"select city, count(*) as num from 表 group by city"的查询命令，可以统计出城市这个维度下能分出多少个组，每个组有多少人，如图 3-20 所示。

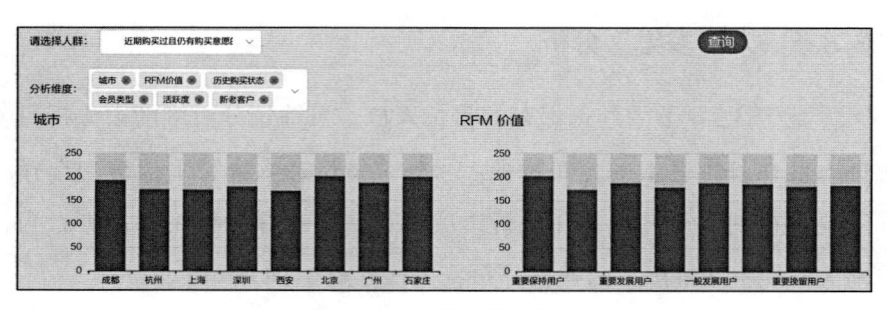

图 3-20 人群多维度分析

3.3.6 行为事件分析

画像系统的一项重要功能是对用户的行为做探查分析。常见的分析模型包括事件分析、转化漏斗分析、分布分析、留存分析等，不同的分析模型有不同的应用场景。

行为事件分析用于研究某行为事件的发生对用户的影响程度，企业由此可追踪用户行为或业务过程中如用户注册、浏览详情页、收藏、下单等行为相关的因素或背后的原因。

事件分析的产品页面有如下筛选项。

- 指标：用户的行为事件，如启动 App、搜索商品、加入订单、加入收藏等行为，这部分数据用于从用户行为日志表中过滤 event 事件。
- 维度：衡量行为事件的属性维度，一般可分为事件属性和用户属性两类。
  - 事件属性：事件发生的属性条件，如手机品牌、应用版本号、来源渠道等。

- 用户属性：用户的属性特征，如用户的性别、城市、活跃度、新老客户等。这部分数据用于从用户属性宽表中对相应字段做过滤或分组。
- 过滤条件：对行为分析的条件进行筛选过滤。例如对城市为北京的用户进行分析，需要对城市条件进行过滤；对来源渠道为 H5 的用户进行分析，需要对来源渠道进行过滤。

举个例子：在筛选条件中选择指标为提交订单的人数，公共过滤条件为新客户，细分维度是省份、性别，时间范围选择近一周。这个筛选分析的意思是，分析近一周提交订单的新客户的省份+性别组合维度有什么分布特征。从图 3-21 的示意数据中可看出浙江+男性和浙江+女性的群体人数远高于其他群体。

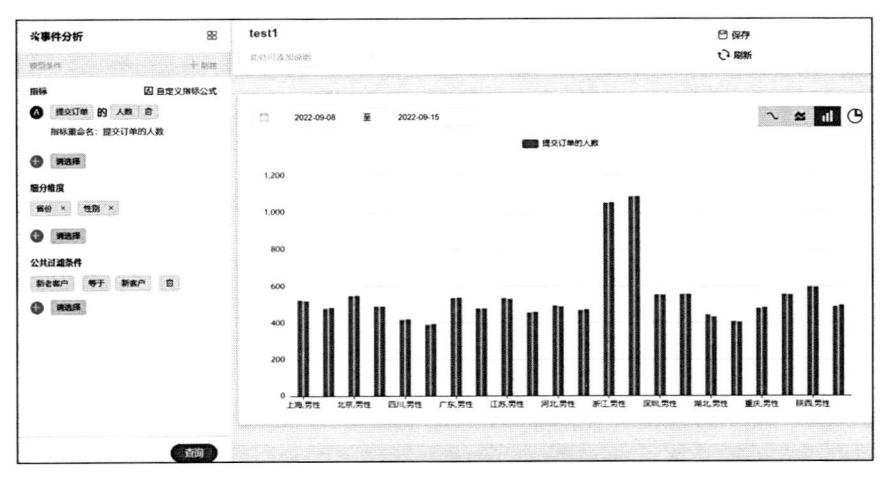

图 3-21　行为事件分析示意图

3.3.7 留存分析

留存分析是用来衡量用户参与、活跃情况的分析模型，考察初始行为的用户中有多少会进行后续行为。

举个例子：定义留存的初始行为是页面浏览，后续行为也是页面浏览，选择日期范围是 20220908 到 20220915。这个筛选分析的意思是，在 9 月 8 日到 9 月 15 日期间，初始浏览过页面的用户在后续几天的回访比例是多少。如图 3-22 所示，9 月 8 日有 2947 人访问过页面，这批人中有 2689 人在第 2 天也访问过页面（占初始比例 91.25%），这批人中有 2502 人在第 3 天访问过页面（占初始比例 84.9%）。

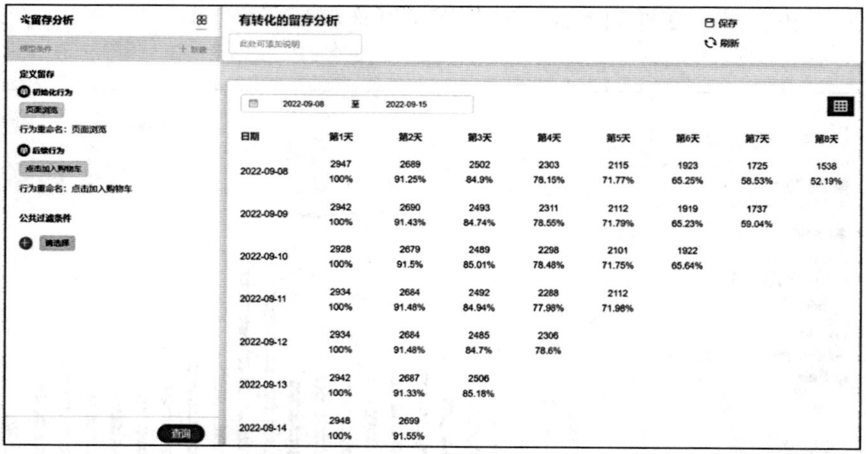

图 3-22　留存分析示意图

留存分析一般用于新用户留存和活跃用户留存的分析场景中，可以结合渠道、地域、性别、产品功能模块等过滤维度，分析不同维度下的用户留存情况。

3.3.8 分布分析

分布分析是用户在特定指标下的频次、总额等数据的归类展现。可以展现出用户对产品的依赖程度，分析用户在不同地区、不同时段所购买的不同类型的产品数量、购买频次等，帮助业务人员了解用户的状态和偏好情况。

举个例子：选择指标是支付订单，日期范围是 20220908 到 20220915。这个筛选分析的意思是 9 月 8 日到 9 月 15 日期间，支付订单的次数的分布特征。从图 3-23 的示意数据可看出支付 1～3 次的有 5500 人，支付 3～5 次的有 9700 人，支付 5～10 次的有 8100 人。如果进一步选择细分维度——城市，则可以看到每个城市支付订单的人数分布特征，如图 3-24 所示。

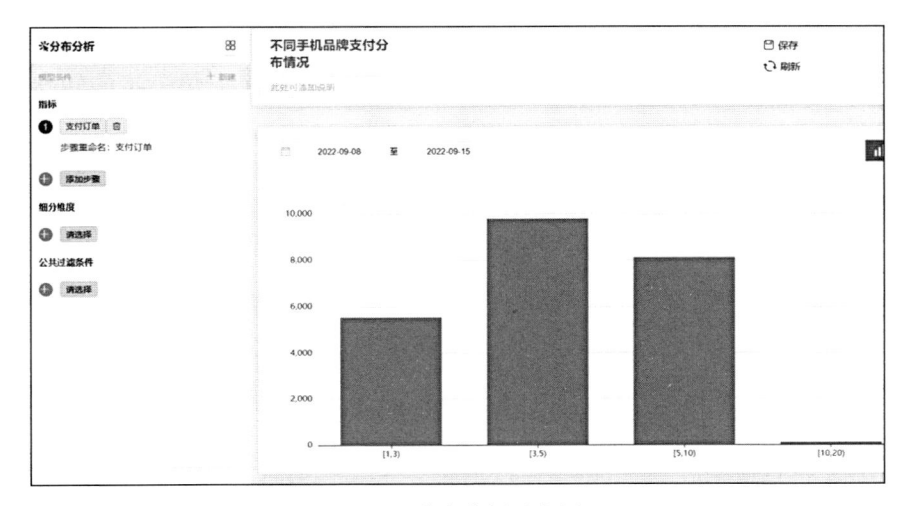

图 3-23 分布分析示意图 1

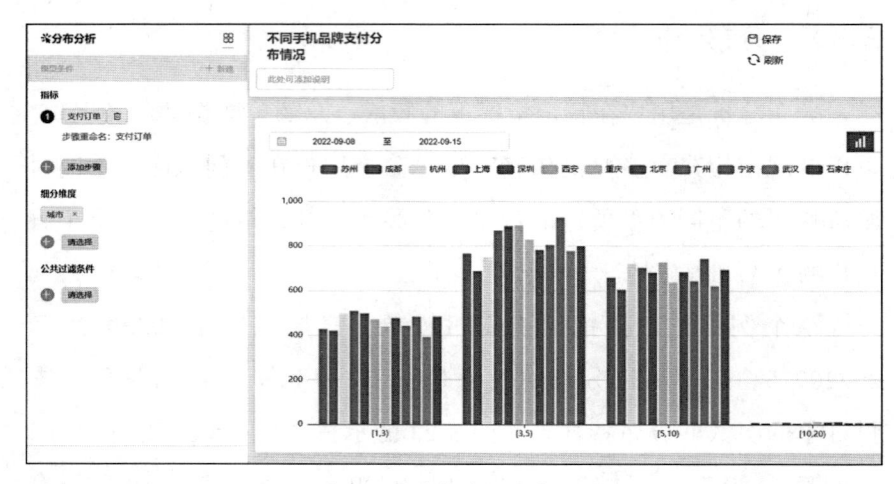

图 3-24　分布分析示意图 2

3.3.9　转化漏斗分析

从业务流程起点开始到最后目标完成的每个环节都会有用户流失，因此需要使用转化漏斗分析方法来衡量业务流程每一步的转化效率。

举个例子：在建立漏斗环节，如图 3-25 所示，选择要分析的行为步骤，如页面浏览→点击加入购物车→搜索商品→点击加入购物车→支付订单，以及要分析的细分维度，可以查看细分维度下面每个维度在每个环节的转化流失的用户数。选择"转化趋势"查看项可看到每一步到下一步的转化率，如图 3-26 所示。

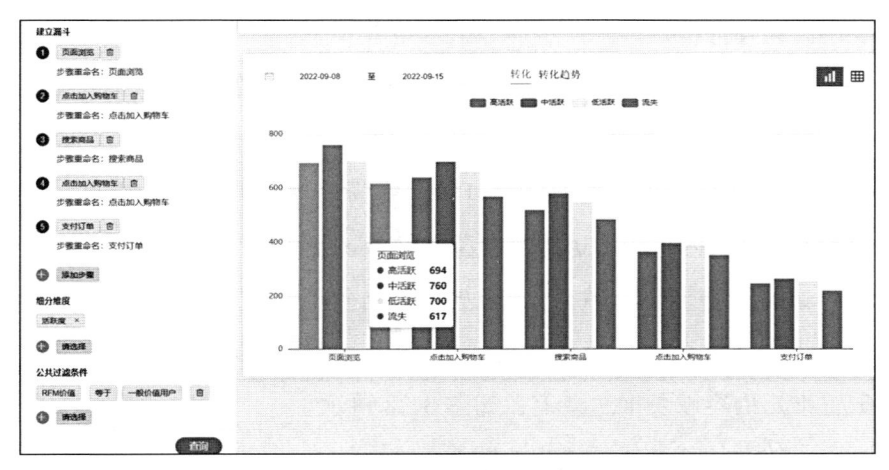

图 3-25　转化漏斗分析示意图 1

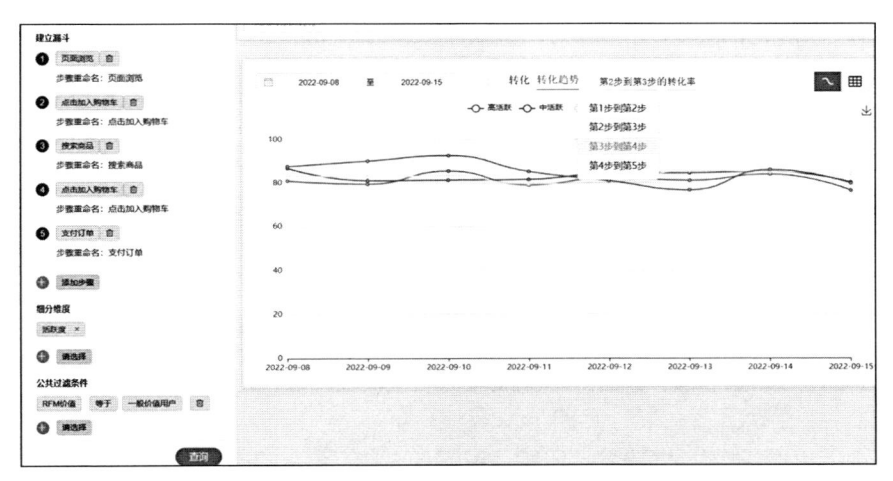

图 3-26　转化漏斗分析示意图 2

3.3.10　基于人群包的定时离线营销

App 的营销自动化场景主要分为两大类，第一类是基于人群包的离线任务推送，第二类是基于用户行为的实时任务推送。本节主要讲离线任务推送。

离线任务的特点是：按照人群包的规则计算出来的 userid 是 T+1 的离线数据，根据业务人员设定的推送方式（立即推送、定时推送、周期性推送等）、推送渠道（站内弹窗、运营位、push 消息、短信等）和推送内容去推送给符合条件的 userid。

如图 3-27 所示，在产品侧选择保存过的人群包，可看到该人群包的规则条件以及覆盖用户量。进一步，我们可以对选中的人群包配置推送内容以及推送渠道，如图 3-28 所示。

离线营销任务执行流程如图 3-29 所示。

从图 3-29 可看出基于人群包的离线营销任务主要包括 5 个环节，分析如下。

1）圈人群：在产品侧基于用户属性和用户行为圈定人群包，圈人群包的时候可以查看到人群的覆盖量。由于 App 承载的用户量可能会非常大，因此在这个环节计算人群数量的时候一般会用 ClickHouse、Impala 等引擎去执行查询。

图 3-27　离线营销任务之人群包选择

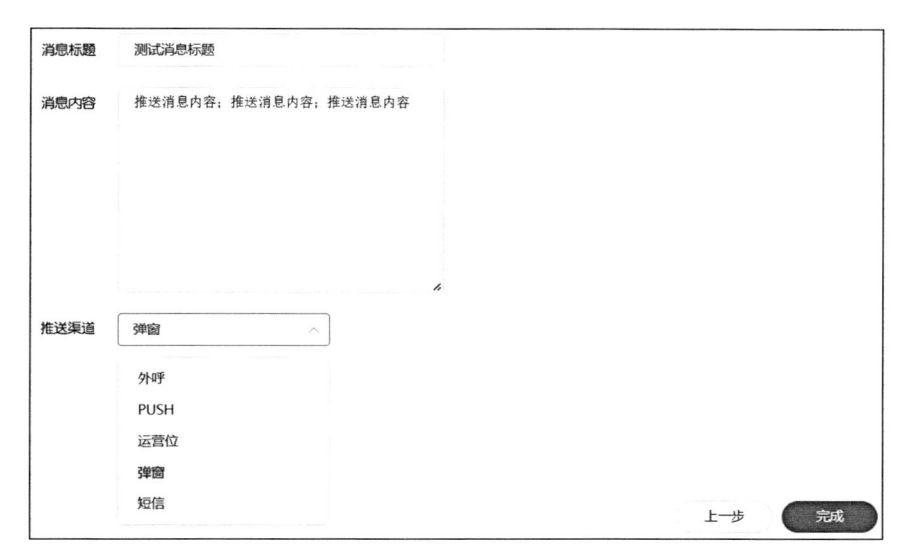

图 3-28 离线营销任务之推送内容/渠道选择

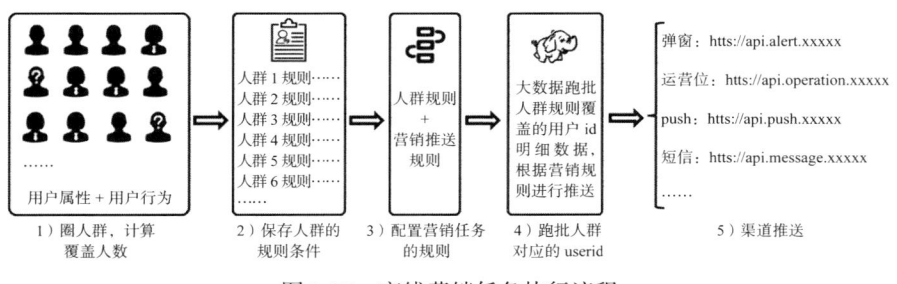

图 3-29 离线营销任务执行流程

2）保存人群条件：将步骤 1 圈人群的规则条件保存下来，而不是将用户 id 明细保存下来。因为用户明细数据量太大了，一般不直接存下来，所以只保存对应的人群规则。

3）配置营销任务：创建的营销任务规则主要包括选择要营销的人群包、创建营销推送规则（如推送什么内容、推送到什么渠道、在什么时间段进行推送）。

4）跑批人群明细数据：在营销任务需要推送时，获取该营销任务中配置的人群包，根据保存的人群规则去大数据集群跑批对应的用户 id 明细。

5）渠道推送：将步骤 4 跑批出来的用户 id 明细推送给营销任务配置的渠道中，推送渠道一般都有对应的接收数据的 API，也可以推送到渠道指定的数据库中。

3.3.11 基于行为事件的实时营销

实时营销任务的特点是：基于用户的实时行为、过滤用户的属性判断条件及其他配置的规则条件去做实时营销触达。

在该场景下，用户的行为是实时发生的，用户的属性标签数据是 $T+1$ 的离线数据，基于用户的当下行为去做即时的提醒和促进成交。

例如用户点击加购物车后半小时还没提交订单，这时需要判断一下用户的基础属性（下单高频、付费能力强等特征），然后给用户推送红包的弹窗或消息。整个流程都是可以在引擎侧配置完成的。这个案例中的条件参数包括如下几项。

❑ 行为判断："点击加入购物车"且"未支付订单"。

❑ 属性判断：下单高频、付费能力强。

❑ 投放渠道及内容：弹窗、红包。

实时营销任务的可配置、即时生效、效果数据可监控等特点可很大程度解放开发人员、分析人员、业务运营人员的人力，如图 3-30 所示。

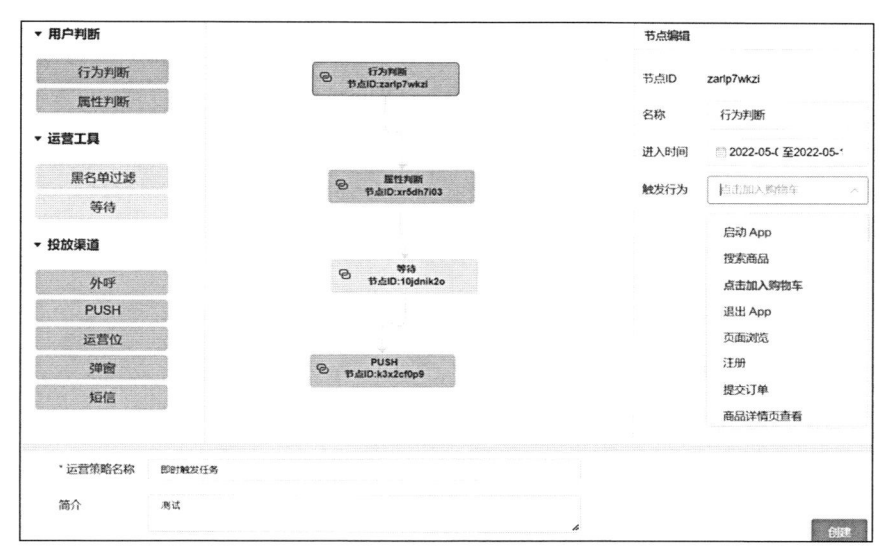

图 3-30　实时营销任务

实时营销任务执行流程如图 3-31 所示。

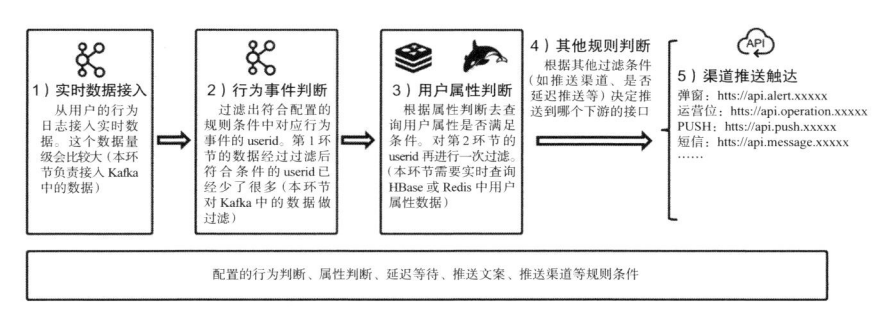

图 3-31　实时营销任务执行流程

从图 3-31 可看出基于行为事件的实时营销任务主要包括 5 个环节，分析如下。

1）实时数据接入：一般企业会通过 Kafka 接入用户的实时行为

数据，实时消费用户行为数据对应的 topic。

接入 Kafka 的用户行为日志格式如下：

{"uid": "3033105", "event": "goods_click", "client": "H5", "eventtime": "2022-09-23 13:44:18", "datadate": "2022-09-23", "App_version": "1.3", "phone_type": "华为", "net_type": "移动"}

日志中的字段包括用户 id（uid）、行为事件（event）、客户端（H5）、行为时间（eventtime）、网络类型（net_type）等。

2）行为事件判断：根据配置规则中的行为事件（如点击加入购物车），对上一步接入的实时行为数据进行过滤，筛选出符合的用户 id。步骤 1 本来接入的是全部用户行为数据，经过本步骤后，只有部分用户能够进入步骤 3。

3）用户属性判断：实时查询用户属性是否满足条件。步骤 2 推送的是实时用户数据，本步骤需要实时查询存储在 HBase 或 Redis 中的用户属性来判断它是否满足条件。如果满足条件，则进入下一个推送环节；如果不满足条件，则被过滤掉。

4）其他规则判断：判断是否需要延迟推送、推送到哪个渠道。

5）渠道推送触达：上一步将用户 id 批量传给渠道接口后，对应的渠道接口负责把消息推送到对应的用户端。

实时营销触达和 3.3.10 节介绍的离线营销触达在执行逻辑上有很大的不同。离线营销侧重的是根据规则一次性算出所有符合条件的用户，然后把这些用户一次性全都推给对应的渠道。而实时营销的逻辑是对接入的实时数据基于用户行为和属性做判断，然后将满足规则条件的数据实时推送给相应的营销渠道，类似于实时地来一批用户，然后实时地推一批。

在实时营销场景中，对用户属性查询效率的要求较高，一般是毫秒级查询返回，同时需要考虑高并发查询的情况。Kafka 一次过滤出很多用户都符合行为判断条件时，会集中查询用户属性信息。

3.3.12 常见的落地应用

画像在 App 中的落地场景非常多，例如个性化开屏广告、个性化 feed 内容推送、个性化 feed 广告推送、个性化消息推送、首页的广告轮播位、消息弹窗、短信推送、个性化的客服对接等。我们每天在使用各类 App 时都会遇到类似场景。下面通过几个案例进行介绍。

案例一：高价值用户实时营销

为了促进高价值新用户的留存，平台运营人员制定了运营规则：首日注册的新用户，如果他在注册当日消费满 100 元则对他进行短信营销，短信中附有平台赠送红包的链接。

例如，用户甲上午在平台注册后消费了 60 元，下午继续在平台消费了 50 元，此时该用户在平台注册当日累计消费了 110 元，那么平台会立刻发送短信进行营销，营销短信中附有平台赠送红包的链接，以更好地留存该高价值新用户。

这种功能需要实时数据提供支持，因此实时营销平台将从 Kafka 中获取的数据解析后写入缓存表。由于需要统计新用户当日的累计金额，因此需要用到缓存表。对缓存表中的明细数据进行汇总统计，写入结果表，实时任务根据结果表的用户数据对相关用户推送短信通知，如图 3-32 所示。

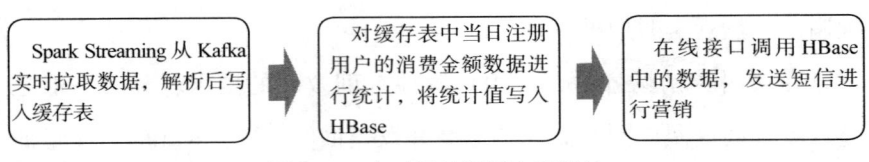

```
Spark Streaming 从 Kafka    对缓存表中当日注册      在线接口调用 HBase
实时拉取数据，解析后写  →  用户的消费金额数据进  →  中的数据，发送短信进
入缓存表                    行统计，将统计值写入      行营销
                            HBase
```

图 3-32　实时标签调用方案设计

案例二：多渠道推广

某公司运营部门计划在大促活动期间统筹公司的整体运营渠道。通过多渠道联动，实现在用户接收到某个渠道发送的消息提醒时，减少其他渠道对该部分用户的打扰。对于平台存量用户，提供用户留存率和复购率是交易的关键。通过整合平台的多个渠道做精细化运营，有助于提升平台收益和用户数量，如图 3-33 所示。

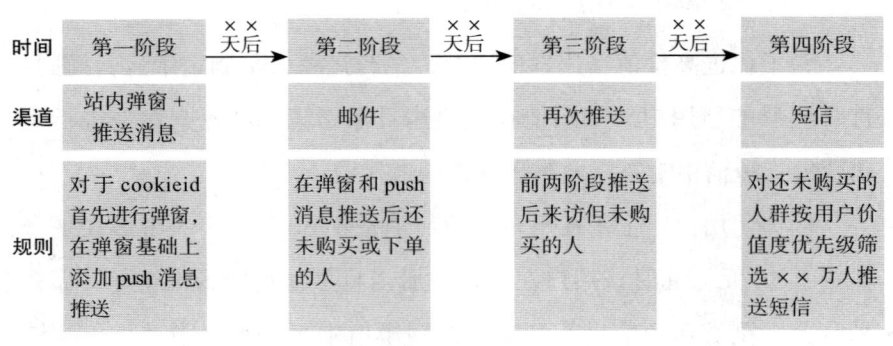

时间	第一阶段	××天后→	第二阶段	××天后→	第三阶段	××天后→	第四阶段
渠道	站内弹窗+推送消息		邮件		再次推送		短信
规则	对于 cookieid 首先进行弹窗，在弹窗基础上添加 push 消息推送		在弹窗和 push 消息推送后还未购买或下单的人		前两阶段推送后来访但未购买的人		对还未购买的人群按用户价值度优先级筛选 ×× 万人推送短信

图 3-33　多渠道运营用户示例

由图 3-33 可以看出，在该项活动期间，运营部门从站内广告弹窗、push 消息、邮件推送、短信推送、主动外呼等多个渠道做用户营销活动。

在针对目标用户群进行营销前，先构建指标体系对用户偏好特征进行分析挖掘，如图 3-34 所示。

第3章 App场景 ❖ 91

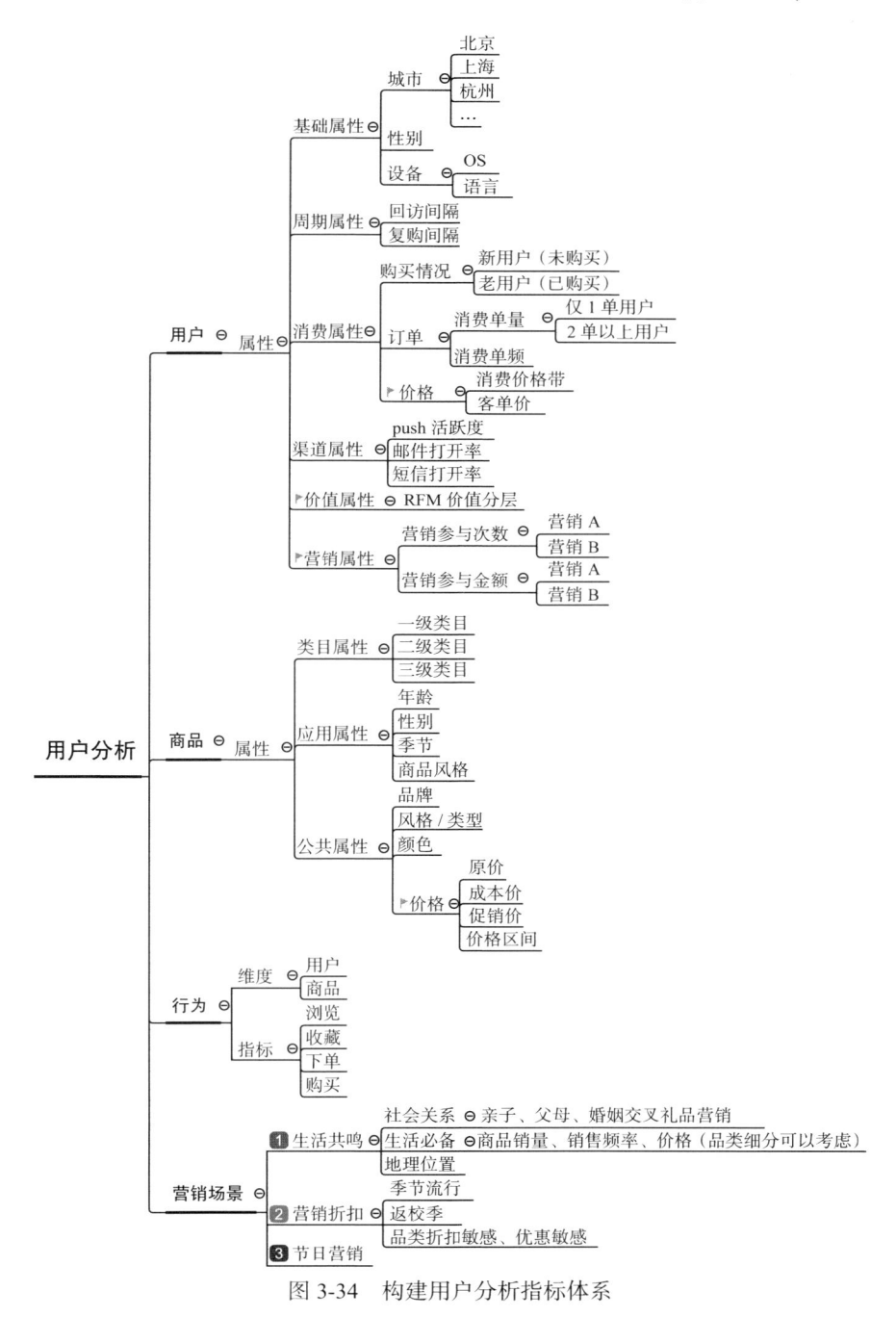

图 3-34 构建用户分析指标体系

根据对用户的分析结论，结合运营人员的业务经验在画像系统的"用户分群功能"中对用户人群进行划分，划分规则如图 3-35 所示。

发送类型		发送时间	发送频次	发送人群	发送内容	发送人群数量
推送	日常营销	xxx	每日 1 条	新建 A 用户群	营销内容 A	发送量在 80w 左右
		xxx	每日 1 条	新建 B 用户群	各 BU 会场营销内容	发送量在 1000w 左右
		xxx	每日 1 条	新建 C 用户群	个性化单品详情页	110w
				新建 D 用户群	普通营销会场	90w
		xxx	每日 1 条	新建 E 用户群	个性化单品详情页	发送量在 1000w 左右
				新建 F 用户群	普通营销会场	
	个性化场景	购物车降价	xxx	每天 1 次	新建 G 用户群	购物车页面	发送量在 1000w 左右
		闪购开始提醒	xxx	每日 2 次	新建 H 用户群	闪购页面	发送量在 1000w 左右
		心愿单降价	xxx	每天 1 次	新建 I 用户群	心愿单单品	发送量在 1000w 左右
		新安装权益	xxx	每天 1 次	新建 G 用户群	新人免费礼包	发送量在 100w 左右

图 3-35 人群划分规则示例

对划分好的人群在运营周期内进行精准营销。精准营销实现了在合适的时间将合适的产品，通过合适的渠道推送给对应的人群。使用用户画像系统，可以从 push、广告弹窗、短信、邮件、主动外呼等全渠道对于目标人群进行营销，通过对不同渠道间用户进行排重处理减少对用户的打扰，如图 3-36 所示。

```
合适的时间    √ 用户购买间隔分析
              √ 用户 N 天购买概率模型

合适的产品    √ 给特定商品寻找营销用户群:根据用户近期浏览、收
                藏、加购某类商品

合适的渠道    √ 营销渠道特点分析
              √ 营销渠道用户敏感度分析

合适的用户    √ 用户价值分类,如 RFM
              √ 用户行为分类,如浏览、收藏、加购商品等行为做聚类
              √ 筛选对某商品感兴趣的用户群进行营销推荐
```

图 3-36　精准营销的逻辑

案例三:用户急速退款

平台 GMV 的增量不仅依赖新用户的增长情况,还依赖老用户的留存和复购情况。当用户对购买物品不满意需要退货时,正常退货流程面临退货门槛高、承担运费和时效慢等缺点。为了给头部用户提供更好的售后体验,平台提供了极速退款服务。极速退款是电商平台为交易记录良好的高质量用户提供的优质 VIP 服务,目的是让高质量用户在申请退款后快速拿到钱款,减少退款的等待时长。

售后部门为了优化平台高质量用户的使用体验,决定对高质量用户提供极速退款功能。业务人员借助画像系统的"用户分群功能"对售后用户进行分层,结合用户购买等正向指标以及退换货等逆向指标,在产品上圈选出符合极速退款条件的高质量用户群,然后给这批用户打上标签。

当用户发起极速退款请求时,线上接口根据该用户 id 查询他是否包含"极速退款"的标签。如果包含标签说明他符合极速退款的条件，则系统将同意极速退款请求；如果不包含标签，则系统将自动拒绝极速退款请求。

3.4 高并发请求用户数据处理

3.4.1 技术方案设计

对工程师来说，性能是永远绕不开的话题。在互联网公司 App 应用中，来自客户端的高并发流量请求用户相关的标签数据是一个非常常见的情况，比如用户打开 App 时的个性化开屏广告、进入 App 后的个性化弹窗、feed 个性化推荐内容、营销自动化活动的推送等场景都会查询用户的标签数据。

当日活用户量级很大时，查询用户标签的服务会面临高并发调用的压力。如果技术方案设计不合理，服务可能会被打崩溃。本节将介绍高并发查询场景下的技术方案的设计思路。

互联网公司的用户体量一般很大，需要用到大数据组件如 HBase、Redis 去存储面向查询服务的用户数据。其中，HBase 可以提供实时查询，数据被保存在 HDFS 分布式文件系统上，适合做所有用户标签数据的持久存储。但是，在并发过高的情况下，HBase 也会扛不住，导致查询超时率上升甚至把服务打挂。Redis 单机可扛 10 万 QPS 的高性能，可用来扛来自客户端的大流量，但由于 Redis 是基于内存的，因此它会带来两方面的问题。一方面可能会带来数据丢失的问题，另一方面当用户标签量级很大时，这些数据会占用几 TB 甚至几十 TB，所以不能将所有数据都加到内存中。

综合上述比较我们可以看出,这两者都有各自擅长的领域,在高并发查询的场景中应根据具体数据量级和请求量选择最合适的方案。

一般来说,可考虑将周活跃或月活跃的用户数据主动缓存到 Redis 中,将全部的用户数据都写入 HBase 作为兜底。

如图 3-37 所示,在查询请求过来时首先查询 Redis 中缓存的数据,如果查询到数据,则返回结果并结束本次查询。如果 Redis 中没有查到该用户的数据,则去 HBase 中查询(HBase 中存储了兜底的全量用户数据),返回查询结果,同时将该用户的数据异步被动缓存到 Redis 中。这样下次再请求该用户的数据时,就可以在 Redis 中直接获取结果了。

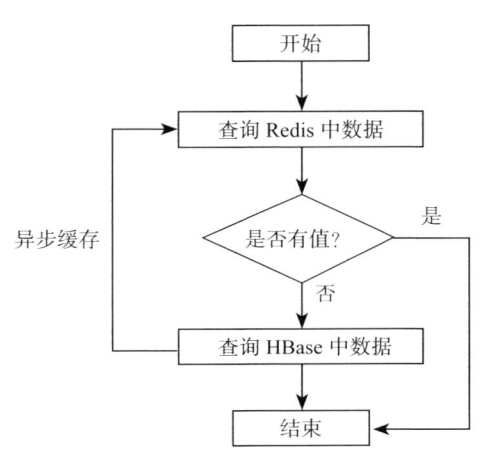

图 3-37 用户数据查询请求逻辑示意图

除了对数据存储侧做优化设计,还需要解决负载均衡问题。比如,可以把该查询服务部署到一台服务器上,如果服务器性能好,则能应对每秒上千次请求。也可以把该查询服务部署到 n 台服务器上,然后用 Nginx 或 gateway 等组件做负载均衡，以应对 n 倍的并发量。

3.4.2 数据同步流程

数据同步流程并不复杂，只需将周活跃或月活跃用户的属性数据或属性标签主动缓存到 Redis 中，将全部用户的标签数据写入 HBase。由于 HBase 采用增量更新机制，当新的列值进来后会覆盖更新掉原来的值，如图 3-38 所示。

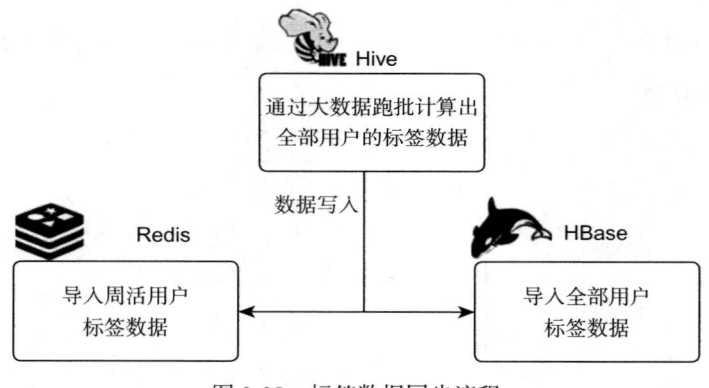

图 3-38　标签数据同步流程

数据同步到 Redis 和 HBase 的示例分别在 3.2.4 节和 3.2.5 节已有介绍，这里不再赘述。

3.4.3 系统开发

数据的查询逻辑在 3.4.1 节中已经介绍了，在系统开发层面主要包括请求 Redis、HBase 中的数据，以及判断是否有值、异步缓存等步骤。

下面主要给出查询 Redis 的 demo 示例，可供参考。
Redis 的配置类的示例如下：

```java
@Slf4j
@Component
public class RedisClientModel {
    @Autowired
    @Qualifier("jedisPool")
    private JedisPool jedisPool;
    // set 保存数据
    public void set(String key, String value, int expire) {
        Jedis jedis = null;
        try {
            jedis = jedisPool.getResource();
            jedis.setex(key, expire, value);
        } catch (JedisExhaustedPoolException e1) {
            log.info(">>>e:");
        } catch (Exception e) {
            log.info(">>>e:");
        } finally {
            if (null != jedis) {
                jedis.close();
            }
        }
    }

    // get 请求查询数据
    public String get(String key) {
        Jedis jedis = null;
        try {
            jedis = jedisPool.getResource();
            return jedis.get(key);
        } catch (JedisExhaustedPoolException e1) {
            log.info(">>>e:");
        } catch (Exception e) {
            log.info(">>>e:" + e);
        } finally {
            if (null != jedis) {
```

```
            jedis.close();
        }
    }
    return null;
}
```

根据用户 id 可直接查询 Redis 中的标签数据，示例中 100001 是用户 id，userInfo 是从 Redis 中查询到的值：

```
@Autowired
protected RedisClientModel redis;

String userInfo = redis.get("100001");
```

3.5 功能应用开发示例

3.5.1 单用户画像查询

单用户画像查询是一个非常常见的功能，常用于运营人员分析、各业务系统调用等多种场景，例如：

❑ 企业内部运营部门查询、分析用户的标签和行为。

❑ 客服部门根据单用户画像提供针对性的服务。

❑ 对于来自客户端的请求，查询标签后进行个性化的运营服务，如图 3-39 所示。在登录应用后，应用会根据查询到的画像信息进行个性化弹窗（老用户无福利、新用户可领红包满减之类的新人福利）。

在上述 3 种查询场景中，前两种是面向企业内部应用的，请求并发量一般不会太大，而第 3 种查询场景是面向客户端用户的，并发量可能会达到几万甚至几十万。不同场景对于查询性能的要求是不一样的，存储用户标签数据可以有多种方案，比如 Elasticsearch、HBase、Redis 等，需要结合查询性能进行综合评估。对于如何设计和优化处理高并发请求查询用户标签的情况，可参考 3.4 节内容，这里不再赘述。

图 3-39　登录应用后的个性化弹窗

　　Elasticsearch 能够承受几千的并发量，在客户端并发不会太高的情况下，它既可以满足企业内部查询应用的需求，也可以满足客户端的查询调用需求。本节介绍 Elasticsearch 中的查询示例。

在 Elasticsearch 中建索引：

```
curl -H "Content-Type: Application/json" -XPUT http://xx.xxx.
    xxx.xx:29200/userprofile/ -d'
{
    "mAppings": {
        "USERPROFILE": {
            "properties": {
                "datadate": {
                    "type": "keyword"
                },
                "userid": {
                    "type": "keyword"
                },
                "tagsmap": {
                    "type": "object"
                }
            }
        }
    }
}'
```

索引主要保存了三个字段：数据日期（datadate）、用户 id（userid）、该用户的标签集合（tagsmap）。

存储的数据结构示意如下：

```
"_source": {
    "userid": "38969683595759876",
    "tagsmap": {
        "A112_01_001": "",
        "A112_02_005": "",
        "A222_09_001": "46",
        "A222_09_002": "5",
        "A222_09_003": "230",
        "B222_06_001": "0",
        "B222_06_002": "75%"
    },
```

```
    "datadate": "2022-02-01"
}
```

首先定义接口规范。

❑ 请求 URL：/platform/UserProfile/userTagSearch。

❑ 请求方式：POST。

请求参数示例如下：

```
{
    "userid":"33081546482745740"
}
```

请求参数说明如表 3-5 所示。

表 3-5　请求参数说明

参数名称	数据类型	必填	说明
userid	String	Y	用户 id

返回示例如下：

```
{
    "flag": true,
    "code": 200,
    "message": "查询成功",
    "data": {
        "userId": "33081546482745740",
        "allTags": [
            {
                "tagType": "用户属性",
                "tagLevel": "性别",
                "tagId": "男性",
                "tagWeight": ""
            },
            {
                "tagType": "用户行为",
                "tagLevel": "近30天行为",
```

```
            "tagId":" 近 30 天购买金额 ",
            "tagWeight": "36"
        }
    ]
  }
}
```

返回参数说明（部分）如表 3-6 所示。

表 3-6　返回参数说明（部分）

参数名称	数据类型	说明
flag	Boolean	返回状态标志位，true/false
code	Integer	返回状态码
message	String	消息信息
data	Object	消息对象
userId	String	用户 id
allTags	Array	标签明细数组
tagType	String	标签一级大类
tagLevel	String	标签二级大类
tagId	String	标签名称
tagWeight	String	标签权重

下面是 service 层的代码逻辑，在 elasticsearchCalculate 函数中执行查询标签数据的逻辑。首先查询 MySQL 数据库中标签的元数据信息并缓存在 codeMaps 中，然后查询 Elasticsearch 中用户的标签明细，通过 codeMaps 把查询到的标签 code 数据转换成标签元数据然后返回。

```
@Service
public class UserTagsServiceV2 {
    @Autowired
    RestHighLevelClient restHighLevelClient;
    // 读取配置文件信息
    @Value("${usertag_all.usertag_all.index}")
```

```java
private String userTagIndex;
@Value("${usertag_all.usertag_all.source_field}")
private String userTagSourceField;
@Value("${usertag_all.usertag_all.type}")
private String type;

/**
 * 根据用户id查询该用户的全量标签
 */
public JSONObject findUser(String userid){
    List<JSONObject> cookie_info =elasticsearchCalculate
        (userid);
    JSONObject result = new JSONObject(true);
    result.put("cookieId", userid);
    result.put("allTags", cookie_info);
    return result;
}

/**
 * 查询Elasticsearch
 */
private List<JSONObject> elasticsearchCalculate(String
    userid) {
    // 查询MySQL数据库,把标签的元数据信息加载到内存中,将在
       Elasticsearch中查询到的标签code转成标签信息
    // codeMaps 是示例数据结构
    Map<String, String> codeMaps = new HashMap();
    codeMaps.put("A112_01_001","用户属性,性别,男性");
    codeMaps.put("A112_01_002","用户属性,性别,女性");
    codeMaps.put("A112_02_001","用户属性,城市,北京");
    codeMaps.put("A112_02_002","用户属性,城市,上海");

    // 创建搜索请求对象
    SearchRequest searchRequest = new SearchRequest(userTagIndex);
    String[] source_field_array = userTagSourceField.
        split(",");

    // 设置搜索类型
    searchRequest.types(type);
```

```java
SearchSourceBuilder searchSourceBuilder = new
    SearchSourceBuilder();
searchSourceBuilder.fetchSource(source_field_array,
    new String[]{});

// 创建布尔查询对象
BoolQueryBuilder boolQueryBuilder = QueryBuilders.
    boolQuery();
boolQueryBuilder.must(QueryBuilders.matchPhraseQuery
    ("userid", userid));
searchSourceBuilder.query(boolQueryBuilder);
searchRequest.source(searchSourceBuilder);
Map<String, Object> usertags = new HashMap<>();
try {
    SearchResponse searchResponse = restHighLevelClient.
        search(searchRequest);
    SearchHits hits = searchResponse.getHits();
    SearchHit[] searchHits = hits.getHits();
    for (SearchHit hit : searchHits){
        Map<String, Object> sourceAsMap = hit.
            getSourceAsMap();
        usertags = (Map<String, Object>) sourceAsMap.
            get("tagsmap");
    }
} catch (IOException e) {
    e.printStackTrace();
}

List<JSONObject> result = new ArrayList<>();
Iterator<Map.Entry<String, Object>> it = usertags.
    entrySet().iterator();
while (it.hasNext()) {
    Map.Entry<String, Object> entry = it.next();
    String tagId = entry.getKey();
    JSONObject tagDetail = new JSONObject(true);
    tagDetail.put("tagType", codeMaps.get(tagId).
        split(",")[0]);
    tagDetail.put("tagLevel", codeMaps.get(tagId).
        split(",")[1]);
```

```
            tagDetail.put("tagId", codeMaps.get(tagId).
                split(",")[2]);
            tagDetail.put("tagWeight", (String) entry.getValue());
            result.add(tagDetail);
        }
        return result;
    }

}
```

3.5.2　用户人群圈选

本节详细剖析用户人群圈选背后的逻辑。

在产品端，用户人群圈选模块主要包括对用户属性及用户行为的条件过滤。用户属性和用户行为的数据分别对应一张用户属性表（user_portrait）和一张用户行为表（user_act），存储在 Impala、Kudu 或者 ClickHouse 等大数据引擎中。

用户属性的筛选条件主要包括属性类型（图 3-40 中的第一列）、条件判断（第二列）和条件数据（第三列）。其中，属性类型对应属性表中的列名 / 字段名，如累计购买金额对应图 3-41 中的 order_amount，性别对应图 3-41 中的 gender。条件数据对应列值。列值存在两种情况，一种是可枚举列值，另一种是不可枚举列值。例如，性别、城市、注册状态、会员类型这种字段属于可枚举数据，累计购买金额、购买次数这种字段属于不可枚举数据。基于用户属性表（user_portrait），可以创建产品中用于圈选用户属性条件的下拉菜单数据，如图 3-42 所示。

如果业务人员选择了多种属性条件，如图 3-43 所示，在产品端还可以圈选多条件之间的"或""且"关系。

图 3-40 用户属性条件圈选示意图

图 3-41 用户属性表（user_portrait）结构示例

图 3-42 用户属性筛选下拉菜单选项

图 3-43 用户行为条件圈选示意图

用户行为的条件筛选其实和用户行为分析类似，也可以概括为：什么用户在什么时间段做了什么操作。对应的筛选项如下所示。

- WHO：谁，对应的是筛选条件圈出来的用户。
- WHEN：什么时候，对应的是筛选的日期范围。
- WHERE：在何处，对应的是行为事件，如搜索商品、加入购物车。
- HOW MUCH：行为次数、行为时长等。

用户行为的圈选对应的是用户行为表数据，如图 3-44 所示，该表一般记录了用户的 userid、客户端 IP、event 行为事件、行为时间、App 版本号等字段。对于用户行为表，根据实际应用情况，可以使用原始的日志数据，也可以使用轻度汇总的日志数据，汇总出行为次数、行为时长等维度数据。

distinct_id	client_ip	longitude	latitude	clickevent	client	client_time	datadate	app_version	net_type
37292945540079456	10.134.122.44	120.84463	30.80097	search_goods	Android	2021-11-05 00:00:00	2021-11-05	2.1	联通
36796896869132757	10.115.126.41	120.08253	30.94137	search_goods	Web	2021-11-05 00:00:00	2021-11-05	1.8	移动
35708721594038018	10.129.126.31	120.12196	30.85853	addtobag_click	H5	2021-11-05 00:00:02	2021-11-05	1.6	移动
37955632270814175	10.56.34.45	120.29493	30.28230	goods_detail_view	Android	2021-11-05 00:00:03	2021-11-05	1.8	电信
34797507372194256	10.134.122.44	120.05082	30.69472	goods_detail_view	Android	2021-11-05 00:00:04	2021-11-05	1.5	电信
30432939197723883	10.42.115.44	120.13680	30.63261	goods_detail_view	Android	2021-11-05 00:00:04	2021-11-05	1.5	联通
37813270774643688	10.36.46.25	120.32871	30.07230	goods_detail_view	ios	2021-11-05 00:00:04	2021-11-05	1.3	移动
36417568594428034	10.67.126.45	120.48892	30.24008	commit_form	Android	2021-11-05 00:00:05	2021-11-05	1.8	wifi
30450528202547461	10.36.44.32	120.25905	30.91469	app_start	Web	2021-11-05 00:00:06	2021-11-05	1.8	电信

图 3-44 用户行为表（user_act）结构示例

在执行层面，用户属性和用户行为的圈选分别会根据条件查询对应的表，然后关联查询出同时符合条件的用户。在平台上保存创建好的人群，其实保存下来的是人群的规则条件，在后续使用环节（如用户人群分析、推送人群包到营销系统）需要重新基于人群规则条件计算出对应的用户 id 明细数据。

首先定义接口规范。

- 请求 URL：/UserGroup/propertyAndAct/calculate。
- 请求方式：POST。

请求参数示例如下：

```
{
    "groupId":"user_group_0001",
    "groupName":"活动推送人群",
    "comment":"10月活动营销目标人群，历史购买过的男性用户且近期登录活跃",
    "ruleType":"all",
    "propertyRules":{
        "relationship":"and",
        "ruleDetails":[
            {
            "key":"gender",
            "value":"女性",
            "condition":"like"
            },
            {
            "key":"city",
            "value":"深圳",
            "condition":"like"
            }
        ]
    },
    "actRules":{
    "relationship":"or",
    "actDetails":[
            {
            "startDate":"2021-10-29",
            "endDate":"2021-10-29",
            "actType":"=",
            "eventCode":"addtobag_click",
            "num": 1
            },
            {
            "startDate":"2021-10-29",
            "endDate":"2021-10-29",
            "actType":"=",
            "eventCode":"goods_detail_view",
            "num": 2
            }
```

```
        ]
    }
}
```

请求参数说明（部分）如表 3-7 所示。

表 3-7　请求参数说明（部分）

参数名称	数据类型	必填	说明
groupId	String	Y	分群 id
groupName	String	Y	分群名称
comment	String	Y	备注
ruleType	String	Y	分群的规则类型 • property：只筛选用户属性满足 • act：只筛选用户行为满足 • all：用户属性 + 用户行为都有筛选条件
propertyRules	List\<Object\>	N	用户属性满足
relationship	String	N	条件关系，参数为枚举类型 • and：且 • or：或
ruleDetails	List\<Object\>	N	规则详情
key	String	N	标签属性
value	String	N	标签值
condition	String	N	条件关系，参数为枚举类型 • =：等于 • !=：不等于 • >=：大于或等于 • <=：小于或等于 • like：包含 • not like：不包含
actRules	List\<Object\>	N	
relationship	String	N	条件关系，参数为枚举类型 • and：且 • or：或
actDetails	List\<Object\>	N	规则详情
startDate	String	N	起始日期
endDate	String	N	结束日期

(续)

参数名称	数据类型	必填	说明
actType	String	N	• =：等于 • !=：不等于
eventCode	String	N	行为事件
num	Int	N	行为次数

返回示例如下：

```
{
    "flag": true,
    "code": 1,
    "message": "查询成功",
    "data": 829
}
```

返回参数说明如表 3-8 所示。

表 3-8 返回参数说明

参数名称	数据类型	说明
flag	Boolean	返回状态标志位
code	Integer	返回状态码
message	String	消息信息
data	Object	用户人群数量

定义了接口规范后，我们来看一下代码层面的实现逻辑。在主函数中，根据圈选的规则条件（只圈选了用户属性、用户行为还是用户属性+用户行为都有筛选），分别进入对应的函数中进行业务处理，如下所示。

```
public Integer propertyAndActCalculate(PropertyAndActDTO
    userGroupRequest) {
        Integer groupNum = 0;
        switch (userGroupRequest.getRuleType()) {
            // 只圈选了用户属性条件
```

```java
        case "property" :
            groupNum = propertyRules(userGroupRequest.
                getPropertyRules());
            break;
        // 只圈选了用户行为条件
        case "act":
            groupNum = actRules(userGroupRequest.getActRules());
            break;
        // 同时圈选了用户属性 + 用户行为条件
        case "all":
            groupNum = allRules(userGroupRequest);
            break;
    }
    return groupNum;
}
```

这三个函数中主要都是业务逻辑处理，根据筛选条件拼接 SQL 查询命令。下面我们主要针对只圈选了用户属性条件的函数处理逻辑进行说明。

在该函数中根据筛选的属性条件循环拼接出查询的限制条件，放入数组 sqlArray 中。然后根据属性之间的"或""且"关系，把 sqlArray 数组中的条件转换成字符串格式的查询命令，拼接起来。

```java
// 只圈选了用户属性条件的计算函数
private Integer propertyRules (PropertyAndActDTO.propertyRules
    propertyRules) {
    // 用于判断是否包含数字
    Pattern p = Pattern.compile(".*\\d+.*");
    String relationship = propertyRules.getRelationship();
    List<String> sqlArray = new ArrayList<>();
    for (PropertyAndActDTO.ruleDetails details :
        propertyRules.getRuleDetails()) {
        String key = details.getKey();              // 筛选项
        String value = details.getValue();          // 判断值
        String condition = details.getCondition();  // 判断条件
```

```
        Matcher m = p.matcher(value);    // 判断value值是否匹配
        String sqlInfo = "";
        if (m.matches()) {
            sqlInfo = "cast(" + key + " as Double) " +
                condition + " cast(" + value + " as Double)";
        } else {
            sqlInfo = key + " " + condition + " '" + value + "' ";
        }
        sqlArray.add(sqlInfo);
    }
    String sqlResult = "select count(*) from userprofile_
        info where " + String.join(" " + relationship +
        " ",sqlArray);
    log.info(">>>> 属性规则SQL:" + sqlResult);
    return clickhouseMApper.userGroupNumByAct(sqlResult);
}
```

在产品端圈选条件后，如图 3-45 所示，可以在服务端日志看到拼接后的 SQL 查询命令：

```
select count(*) from userprofile_info
where gender = '男性' and city = '北京' and cast(order_num
    as Double) >= cast(4 as Double)
```

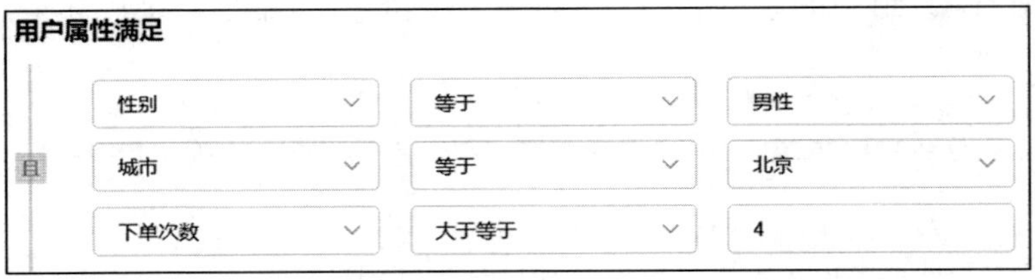

图 3-45　产品端圈选用户属性条件示意图

圈选用户行为和同时圈选用户属性 + 用户行为的场景的处理逻辑与此类似，这里不再赘述。在整个开发实现过程中，最大的难点是执行 SQL 查询命令的时间不能过长，这需要优化 SQL 查询命令，设计好数据的存储表结构，设计好用什么引擎去存储数据。开发人员在开发前可以先模拟真实场景写出 SQL 查询语句，然后根据执行时长去进行优化，待优化完成后再进入编码开发阶段。

进一步推而广之，除了 App 场景可以基于用户属性 + 用户行为的方式圈选人群，小程序同样可以采集到用户行为日志，也可以基于这种逻辑实现人群包的圈选。对于一些收集不到用户行为只有用户属性数据的企业可以只基于用户属性去圈人群包。

3.5.3　基于行为事件的实时营销

3.3.11 节介绍了实时营销在业务流程上的处理逻辑，本节将介绍实时营销在技术层面的实现方案。

1. 实时数据接入

实时数据会推送到 Kafka 对应的 topic 中，平台的应用程序接入 Kafka，实时消费对应的 topic 数据。下面示例中消费 topic 为 userprofile，msg 参数是接收到的日志消息，对 msg 进行解析即可获取用户的行为明细。

```
@Slf4j
@Component
public class KafkaConsumer {
    @Autowired
    protected RedisClientModel redis;

    @KafkaListener(topics = "userprofile", containerFactory=
        "KafkaMessage")
    public void listen(ConsumerRecord<Integer, String> msg) {
```

```
        // 消费到数据后的处理逻辑
        JSONObject obj = JSONObject.parseObject(msg.value());
        log.info(">>>message:" +obj);
    }
}
```

Kafka 的配置类的示例如下：

```
@Configuration
@EnableKafka
@EnableConfigurationProperties(KafkaProperties.class)
public class KafkaConfig {
    @Value("${kafka.bootstrap.servers}")
    private String kafkaBootstrapServers;
    @Value("${auto.commit.interval.ms}")
    private Integer autoCommitIntervalMs;
    @Value("${auto.offset.reset}")
    private String autoOffsetReset;
    @Value("${group.id}")
    private String groupId;

    @Bean(name = "kafkaContainerFactory")
    @ConditionalOnClass(value = ConcurrentKafkaListenerContai
        nerFactoryConfigurer.class)
    public ConcurrentKafkaListenerContainerFactory<?,?>
    kafkaListenerContainerFactory(ConcurrentKafkaListenerCont
        ainerFactoryConfigurer configurer){
        ConcurrentKafkaListenerContainerFactory<Object,
            Object> factory =
                new ConcurrentKafkaListenerContainerFactory<>();
        configurer.configure(factory, consumerFactory());
        return factory;
    }

    private Map<String, Object> consumerProps() {
        Map<String, Object> map = new HashMap<>();
        // 连接的IP和端口
        map.put(ConsumerConfig.BOOTSTRAP_SERVERS_CONFIG,
            kafkaBootstrapServers);
```

```java
    // 连接的 groupid, 名称可以随便取，不和其他名称重复就行
    map.put(ConsumerConfig.GROUP_ID_CONFIG, groupId);
    map.put(ConsumerConfig.KEY_DESERIALIZER_CLASS_
        CONFIG, "org.apache.kafka.common.serialization.
        StringDeserializer");
    map.put(ConsumerConfig.VALUE_DESERIALIZER_CLASS_
        CONFIG, "org.apache.kafka.common.serialization.
        StringDeserializer");
    // 消费的位置
    map.put(ConsumerConfig.AUTO_OFFSET_RESET_CONFIG,
        autoOffsetReset);
    return map;
}

public ConsumerFactory<Object, Object> consumerFactory() {
    return new DefaultKafkaConsumerFactory<>(consumerPro
        ps());
}

@Bean(name = "KafkaMessage")
public ConcurrentKafkaListenerContainerFactory<?,?>
    kafkaMessage() {
    ConcurrentKafkaListenerContainerFactory<Object,
        Object> factory =
            new ConcurrentKafkaListenerContainerFactory
                <>();factory.getContainerProperties().
                setAckMode(ContainerProperties.AckMode.
                MANUAL_IMMEDIATE);
    factory.setConsumerFactory(manualFactory());
    return factory;
}

public ConsumerFactory<Object, Object> manualFactory() {
    Map<String, Object> map = consumerProps();
    map.put(ConsumerConfig.ENABLE_AUTO_COMMIT_CONFIG,
        false);
    return new DefaultKafkaConsumerFactory<>(map);
}
}
```

执行完上面这两段核心代码，系统就可以连接上 Kafka 并消费对应的 topic 数据了。

2. 行为事件判断

在做行为判断之前，首先会获取产品端所有配置好的营销规则并加载到内存中，根据规则来对消费的每一条日志进行过滤判断。对步骤一接入的实时日志数据解析可以获取里面的行为事件。

以下面这条日志数据为例，如果营销规则中配置了对点击过商品且半小时未下单的高价值女性用户推送优惠券，那么首先通过 event 中的参数获取满足 goods_click 商品点击事件的行为事件 uid，然后把该 uid 拿到下一个环节去判断该事件的用户属性是否满足"高价值"和"女性"这两个标签。

```
{"uid": "3033105", "event": "goods_click", "client": "H5",
    "eventtime": "2022-09-23 13:44:18", "datadate": "2022-09-
    23", "App_version": "1.3", "phone_type": "华为", "net_
    type": "移动", "goodsid":"10001"}
```

代码逻辑示例如下，通过对 event 事件进行判断来决定后续执行什么步骤。

```
// 消费到数据后的处理逻辑
JSONObject obj = JSONObject.parseObject(msg.value());
String eventName = obj.getString("event");
switch (eventName) {
    case "goods_click":
        // 商品点击
        log.info(">>> 业务逻辑处理 ");
        break;
    case "page_view":
```

```
            // 页面浏览
            log.info(">>> 业务逻辑处理 ");
            break;
    case "add_to_shop":
            // 加入购物车
            log.info(">>> 业务逻辑处理 ");
            break;
}
```

3. 用户属性的判断

继续上一个环节"对点击过商品且半小时未下单的高价值女性用户推送优惠券"这个规则的例子，因为"高价值"和"女性"是两个属性标签，而属性数据没办法从实时消费的日志数据中获取，所以需要去数据库中查询当前用户 id 的标签是否满足这两个条件。

当企业用户量级很大时，从 Kafka 消费过来的数据量级会很大，查询每个用户的属性标签的 QPS 也会很高，因此一般会考虑用 HBase+Redis 的方案来解决查询请求的高并发问题。其中 Redis 存储周活跃或月活跃用户数据，用来扛第一波流量，当用户不属于月活跃用户时查询结果为空，再去查询 HBase 的兜底数据，具体实现方案见 3.4 节相关内容。

4. 其他规则判断

其他规则一般包括是否需要延迟执行营销任务，是否过滤掉用户黑名单等。例如，针对需要发送短信的任务，考虑短信的成本问题，可以过滤掉短信黑名单里面的用户；针对下单未立即支付的用户，可以等半小时发送一次优惠券的弹窗提醒。

5. 渠道推送触达

渠道推送触达在业务流程上没有太多复杂的环节。经由前面几个步骤以及明确要推送哪些用户 id 到哪个渠道接口后，本环节只是负责把符合条件的数据推送到下游接口中。

继续上面的例子，下游负责给用户发送短信的接口 URL 是 https://api.message.xxxxx，接收的参数格式为：

```
{
    "materialid":"1001",
    "ids":["10008971","1000786","2000897","2007895"]
}
```

其中 ids 为需要推送的手机号，materialid 为配置的素材 id，下游接口根据该素材 id 可获取（通过请求接口或查询数据库的方式）要推送的文案或图片。

3.5.4 行为事件分析

在 App 渠道中，可以通过埋点采集到用户行为日志。基于行为日志，可以做丰富的用户行为分析模型，包括行为事件分析、留存分析、转化漏斗分析、行为路径分析、分布分析等。在 3.3.6 节，我们介绍了行为事件分析的应用场景和产品端的实现逻辑。本节将介绍行为事件分析在后台技术侧的实现逻辑。

行为事件分析的筛选条件包括指标、细分维度、公共过滤条件三类，如图 3-46 所示。

❑ 指标：用于分析的行为事件，例如"启动 App"的人数、"启动 App"的次数、"提交订单"的人数，如图 3-47a 所示。当选择多个指标时可用于分析指标间统计数值的对比关系。

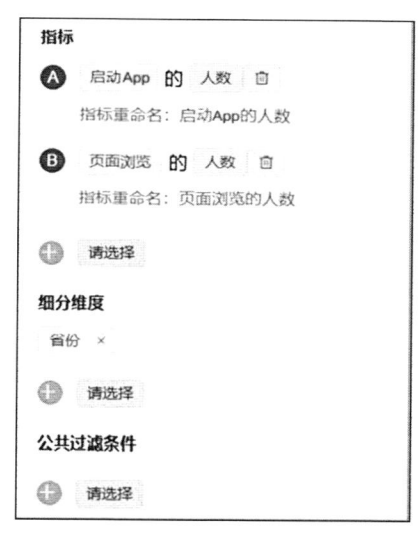

图 3-46　行为事件分析筛选条件

- 细分维度：用于分析同一个指标在不同维度下的分布特征，例如对于"启动 App"这个事件，细分维度选择"省份"是分析不同省份的启动 App 的分布特征。在 SQL 查询中，可以用类似 group by 的分组条件对不同的分组进行 count(*) 取值来查看不同组的数值特征。一般用"事件属性"和"用户属性"来作为细分维度的筛选项，如图 3-47b 所示，用于分析在不同属性维度上的分布特征。
- 公共过滤条件：用于限制分析的前提条件，例如限制"城市"为北京，"性别"为女性等。一般也使用"事件属性"和"用户属性"来作为过滤条件,如图 3-47c 所示。不同的是,细分维度用在 group by 分组中,公共过滤条件用在 WHERE 限制命令中。

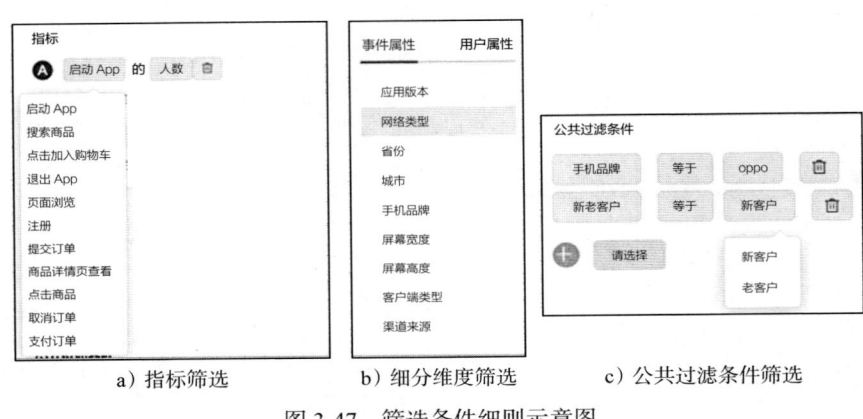

a)指标筛选　　b)细分维度筛选　　c)公共过滤条件筛选

图 3-47　筛选条件细则示意图

下面通过几个分析的查询示意图来介绍筛选条件和分析场景之间的关系。

场景一,细分维度的作用。在图 3-48 中,上面的分析图选择了日期范围和一个分析指标——启动 App 的人数,因此只能看到一根柱形,展示这个日期范围内有过此行为的人数统计值。下面的分析图加上了分析维度——城市,可以查看有过启动 App 行为的人数在各个城市的分布特征。

场景二,多指标选项的作用。在图 3-49 中,上面的分析图选择了日期范围和两个分析指标——启动 App 的人数和提交订单的人数,可以看到两根柱形,展示这个日期范围内有过这两种行为的人数统计值。下面的分析图加上了分析维度——城市，可以看到这两类指标在每个城市维度上数值的对比情况。

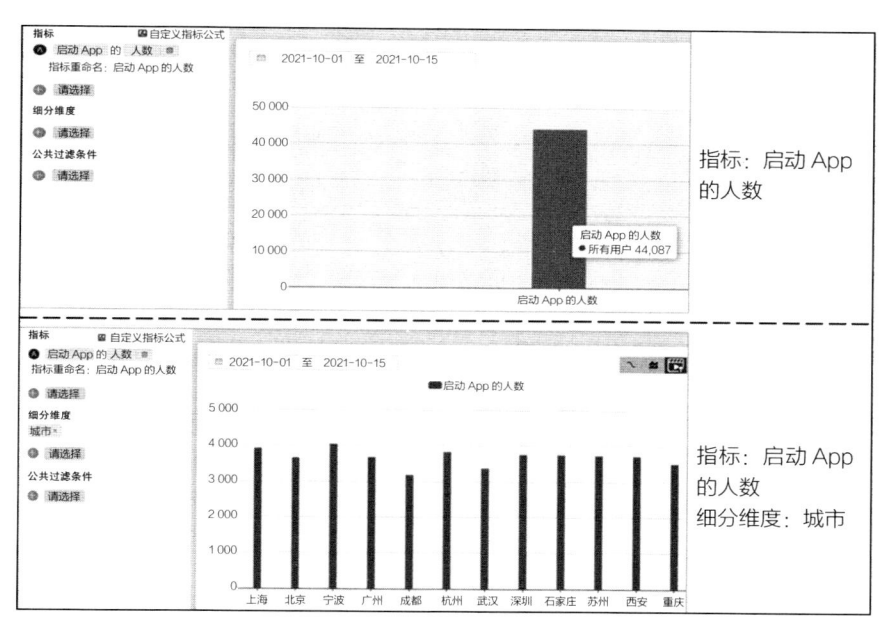

图 3-48　场景一：细分维度的作用示意图

场景三，公共过滤条件的作用。在图 3-50 中，上面的分析图选择了要分析的指标——提交订单的人数，可以看到柱形图上显示覆盖人数是 44 136 人。下面的分析图加上了过滤条件——性别等于女性，可以看到覆盖人数变为 21 807 人。对比这两个图可以看出公共过滤条件通过限制事件属性或用户属性，只会改变结果数值的多少，而不会改变事件的分析维度。

通过上面的场景和案例我们具体剖析了行为事件分析的使用逻辑，下面介绍它在技术层面的实现方案。

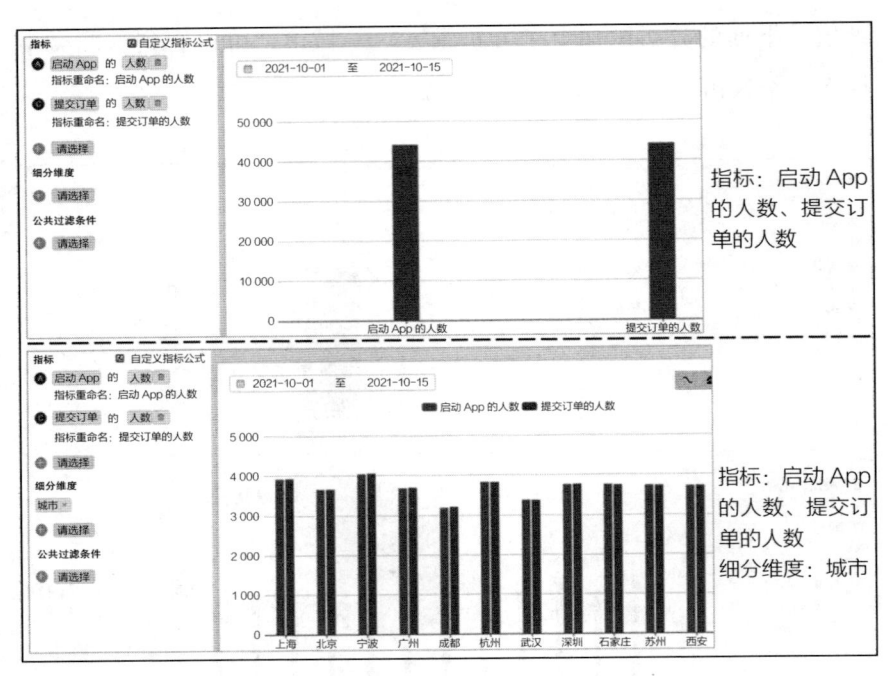

图 3-49　场景二：多指标选项的作用示意图

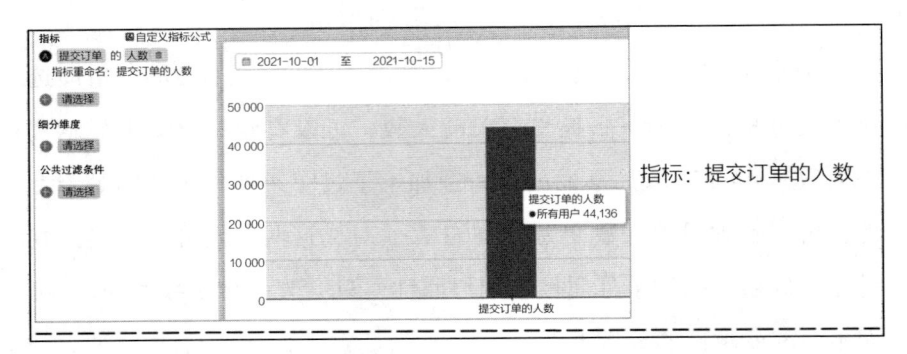

图 3-50　场景三：过滤条件的作用示意图

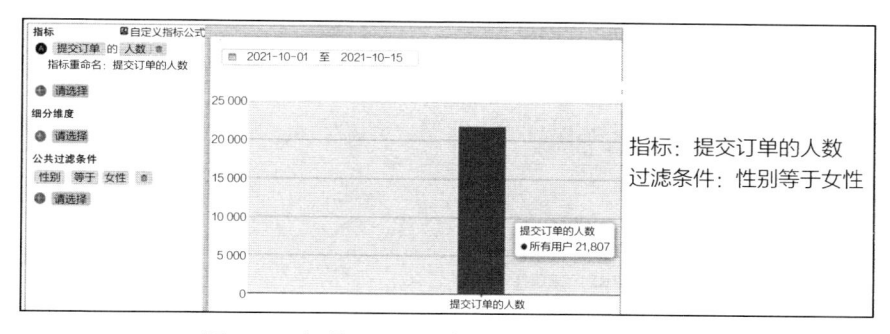

图 3-50　场景三：过滤条件的作用示意图（续）

首先定义接口规范。

❑ 请求 URL：/DataAnalysis/eventAnalysis。

❑ 请求方式：POST。

请求参数示例如下：

```
{
    "eventCodes":[
        {
            "eventCode":"page_view",
            "countType":"次数"
        },
        {
            "eventCode":"goods_detail_view",
            "countType":"次数"
        }
    ],
    "filterParameter":[
        {
            "type":"event",
            "field":"province",
            "name":"省份",
            "tag":"河北"
        },
        {
```

```
            "type":"user",
            "field":"gender",
            "name":"性别",
            "tag":"A112_01_001"
        }
    ],
    "target":["city", "tag_active"],
    "startDate":"2020-10-01",
    "endDate":"2020-10-07"
}
```

请求参数说明（部分）如表 3-9 所示。

表 3-9　请求参数说明（部分）

参数名称	数据类型	必填	说明
eventCodes			分析的指标
eventCode	String	Y	行为事件
countType	String	Y	人数 / 次数
target	List<String>	N	细分维度
filterParameter			过滤条件
type	String	N	属性类型，如事件属性、用户属性
field	String	N	属性 code
name	String	N	属性名称
tag	String	N	属性值
startDate	String	Y	开始日期
endDate	String	Y	结束日期

返回参数示例如下：

```
{
    "flag":true,
    "code":1,
    "message":"查询成功",
    "data":{
        "all":[
            {
                "type":"启动 App 的人数",
```

```
            "data":[
                {
                    "total":787,
                    "legend":"上海",
                    "value":[263,259,265]
                },
                {
                    "total":711,
                    "legend":"北京",
                    "value":[235,245,231]
                }
            ]
        },
        {
            "type":"页面浏览的人数",
            "data":[
                {
                    "total":743,
                    "legend":"河北",
                    "value":[250,251,242]
                },
                {
                    "total":1601,
                    "legend":"浙江",
                    "value":[537,529,535]
                }
            ]
        }
    ],
    "dataList":["2021-10-01","2021-10-02","2021-10-03"]
}
```

返回参数说明（部分）如表 3-10 所示。

表 3-10　返回参数说明（部分）

参数名称	数据类型	说明
flag	Boolean	返回状态标志位

（续）

参数名称	数据类型	说明
code	Integer	返回状态码
message	String	消息信息
data	Object	用户人群数量
all		全部的数据明细
type	String	指标类型，如启动 App 的人数、页面浏览人数
data	Array	该指标下的数据明细
total	Integer	总覆盖用户量
legend	String	细分维度，如城市维度，北京、西安、济南等城市名
value	List<Integer>	统计数值，按日期顺序存储
dataList	List<String>	日期范围

定义了接口规范，明确了输入/输出格式后，接下来就是编码工作。其实这里的逻辑和用户人群圈选的逻辑一样，也是根据产品上的筛选条件，拼接 SQL 查询命令，放在引擎上执行查询拿到返回结果。难点同样是需要设计好日志表的数据结构、优化 SQL 语句，降低查询时间。

例如分析 10 月 1 日到 7 日之间有过页面浏览行为的用户在省份维度上的分布特征，代码拼接出来的 SQL 查询命令如下。

```
select datadate,province,count(*) as num
    from userprofile_analysis_model    // 用户行为日志表
where datadate >= '2021-10-01'
    and datadate <='2021-10-07'
    and clickevent ='page_view'
group by datadate,province
order by datadate,province
```

再如分析 10 月 1 日到 10 月 7 日之间，有过付款行为的女性用户主要来自哪些城市，拼接出来的 SQL 查询命令如下。

```sql
select datadate,city,count(distinct distinct_id) as num
    from userprofile_analysis_model
where datadate >= '2021-10-01'
    and datadate <='2021-10-07'
    and clickevent ='pay_form'
    and (tag_gender='女')
group by datadate,city
order by datadate,city
```

Chapter 4 第 4 章

企业微信场景

2019 年，企业微信从原先只面向企业内部的 OA 应用升级成连接企业内部和外部（微信）的 SCRM 系统。它开放了相关的 API，支持与个人微信、小程序等应用打通，凭借完善的功能、规范的管理与相关的运营生态逐渐取代个人微信运营的模式，成为企业运营 C 端客户的重要渠道之一。

企业微信在生活中有非常广泛的应用，比如现在某快餐门店都实行扫码点餐，扫码过程中会有对应的引流链路引导客户添加店长的企业微信，添加后店长会拉你入群，群内不定期会发福利活动。又如，你在淘宝上购买了商品或在美团上点了外卖，在拆开货物后经常会看到附着二维码的小卡片，小卡片上写着添加好友并五星好评截图后返 3 元红包。再如零售品牌会在自己的官网、公众号、小程序、直播间等渠道露出二维码引导客户添加他们的企业微信，进而不断提升客户对产品的认知、辅助推动客户的成交决策，并持续对客户提供个性化服务。

本章主要介绍企业微信场景下画像的功能点和常见的营销触达方法。

4.1 客户运营管理

企业微信在运营客户时需要对客户打标签、添加备注、划分客户旅程，以便后续提供更精准的营销及信息推送。其次，在客户运营管理过程中，要定期开展特定的营销活动，通过营销自动化工具，提升企业与客户之间的交互。本节主要介绍基于企业微信可以从哪些方面对客户进行运营管理。

4.1.1 客户标签

客户标签模块可以编辑标签体系，如图 4-1 所示，按标签组、标签明细来划分管理私域用户的标签。创建的标签将在客户管理、员工活码、自动化打标签、SOP 营销推送等场景中具体应用。

（1）客户管理

客服人员和客户一对一进行沟通时，可根据客户信息添加备注、添加标签，完善客户画像信息。

（2）员工活码

在创建员工活码时可配置自动欢迎语和扫码标签，客户扫码添加好友后会被自动打上对应的标签。

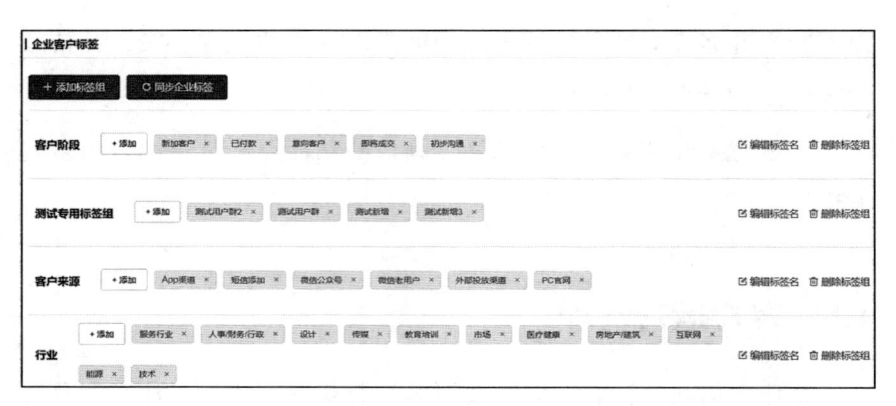

图 4-1　企业微信客户标签管理

（3）自动化打标签

很多场景都可以实现对客户的自动打标签。比如客服人员在和客户一对一进行沟通时，如果客户回复的消息匹配上了某个关键词就可以给他自动打上标签。再比如客户填写了问卷或表单，客户填写的关键信息也可以作为标签自动打在他身上。

（4）SOP 营销推送

可基于客户标签的组合定义客户的生命周期阶段，如果客户同时带有这些标签则可以将他划分到对应的生命周期中，基于不同的生命周期给他分别推送适合的内容。

4.1.2　客户管理

客户管理是企业微信中最常用的模块。在客户管理模块中可以查看企业当前全部的私域客户，可根据添加时间段、添加渠道、性别、所属客服等维度筛选出目标客户，如图 4-2 所示。

图 4-2 企业微信的客户管理模块

你也可以用标签进行筛选。可以通过单个标签进行筛选，也可以通过组合标签进行筛选。在通过组合标签进行筛选的时候，可选择满足其中任一标签的人群或同时满足所有标签的人群。多样化的筛选条件总能筛选出符合业务需求的客户群体，如图 4-3 所示。这里组合标签的圈选有些类似画像后台中人群包的圈选，详见 3.3.4 节。

对于根据标签（组合标签）筛选出来的客户群体，可通过批量打标签的功能为这批客户打上相同的标签，如图 4-4 所示。

上面介绍了如何在列表页选出目标客户群。对于某一个具体的客户，可以在客户详情页查看该客户的详细信息。比如你想了解该客户所在的客户群、在全渠道账号下的绑定情况（是不是公众号粉丝、小程序、小鹅通等渠道客户），可查看客服对该客户的公司、电话、个人特征的备注信息，以及该客户在全渠道账号体系下的行为轨迹，如图 4-5 所示。

除了可以在管理后台上查看，也可以将单个客户详情页作为一个 H5 页面配置在企微客户端的侧边栏，以便客服人员和客户沟通时了解客户的历史详情，对话更有针对性。如图 4-6 所示，可以在企业微信的聊天侧边栏查看、编辑客户信息。

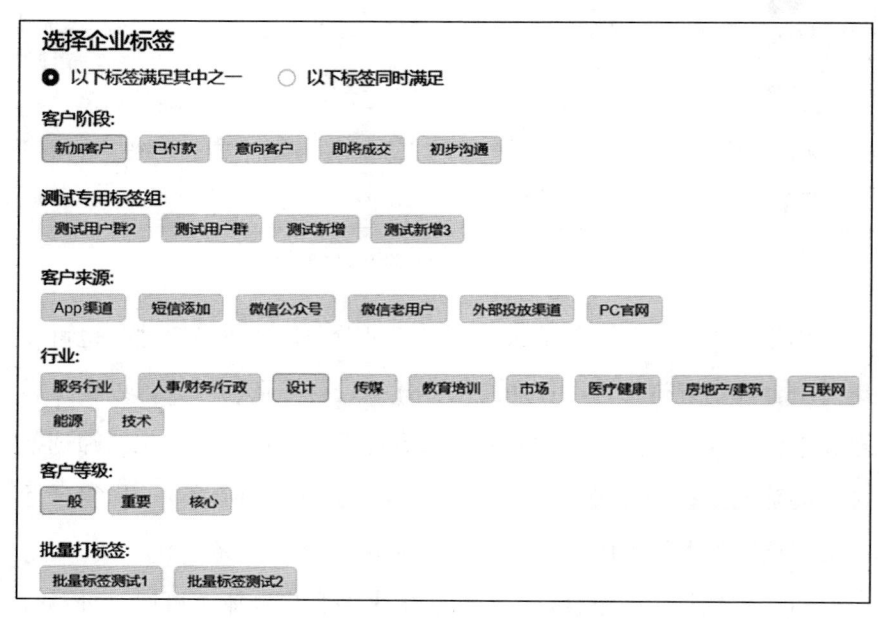

图 4-3　客户标签选择项

图 4-4　批量打标签

第4章 企业微信场景 ❖ 133

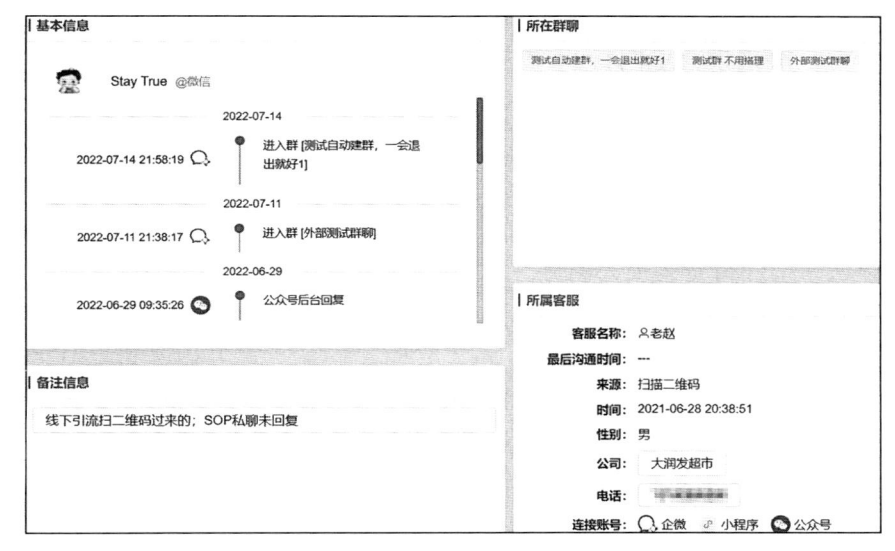

图 4-5 企业微信单个客户详情页

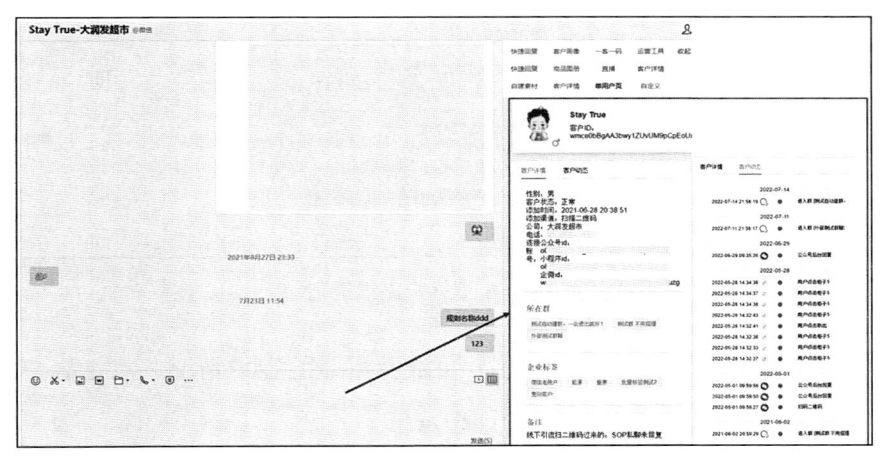

图 4-6 企业微信客户端 H5 单个客户详情页

4.1.3 客户生命周期

一般来说，不同行业、不同公司对生命周期有不同的定义，需要基于业务的关键节点来划分生命周期。比如在电商行业，可基于新加客户、意向客户、首购客户、N次复购客户、VIP客户来做划分；在教育行业，可基于试听课客户、体验课客户、单门课付费客户、多门课付费客户来划分。

在客户管理平台上，业务人员可以基于对生命周期的定义来配置规则，比如将培育阶段的客户定义为包含标签"新加客户"和"线上"，那么同时包含这两个标签的客户就会自动流转到客户培育阶段，如图 4-7 所示。

阶段名称	阶段描述	选择标签	操作
客户培育	对新加入的客户进行14~30天的培育，帮助他们了解产品产生意向	新加客户 线上	🗑
初步沟通	经过产品培育阶段有过互动，了解产品的客户	初步沟通	🗑
高意向客户	在沟通过程中有意向购买的客户，申请试用或了解产品细节	意向客户 重要	🗑
即将成交	客户已确定购买，走内部流程阶段	即将成交	🗑
已付款	已付款客户	已付款	🗑

图 4-7 配置客户旅程规则

如图 4-8 所示，可以查看不同阶段覆盖的客户情况，点击客户卡片还可以进一步看到客户的详细信息。

客服人员在运营过程中肯定会碰到客户分层的情况。例如，有的人收到消息但一直沉默，有的人会回复消息进行互动，有的人意向高，有的人意向低。如果对所有客户都推送一样的内容，显然不合适。

图 4-8　客户生命周期管理

针对处于不同生命周期的客户，需要设置不同的营销、话术策略。营销推送的文案需要提前编辑好。SOP 任务可以按预设的时间节点像推送故事剧本一样陆续推送给对应周期的客户。客户收到消息并留言交互时，客服人员需要人工回复，通过一对一深入沟通，挖掘客户痛点，解决问题，然后打标签、添加备注，推动客户进入下一阶段。

基于每次推送消息后客户的反馈进行打标签、备注，这样在下一次推送时，对于沉默的客户继续推送培育内容，对有留言互动的客户则推送促进转化的内容。

4.1.4　客户 SOP

客户 SOP 是指针对客户的标准化营销动作（Standard Operating

Procedure），在企业微信场景中可进一步分为针对新客的 SOP 和针对沉默客户的 SOP（老客激活或生命周期转化）。

- **新客培育 SOP**：针对新添加的客户，为了增加客户对产品的了解和兴趣，唤起意向客户下单，在管理平台上提前设置好客户添加好友后第一天、第三天、第七天等以天为单位精准推送不同内容，如图 4-9 所示。在推送内容后，客服人员根据用户的回复、聊天情况挖掘需求，进一步给客户打标签、添加备注信息。

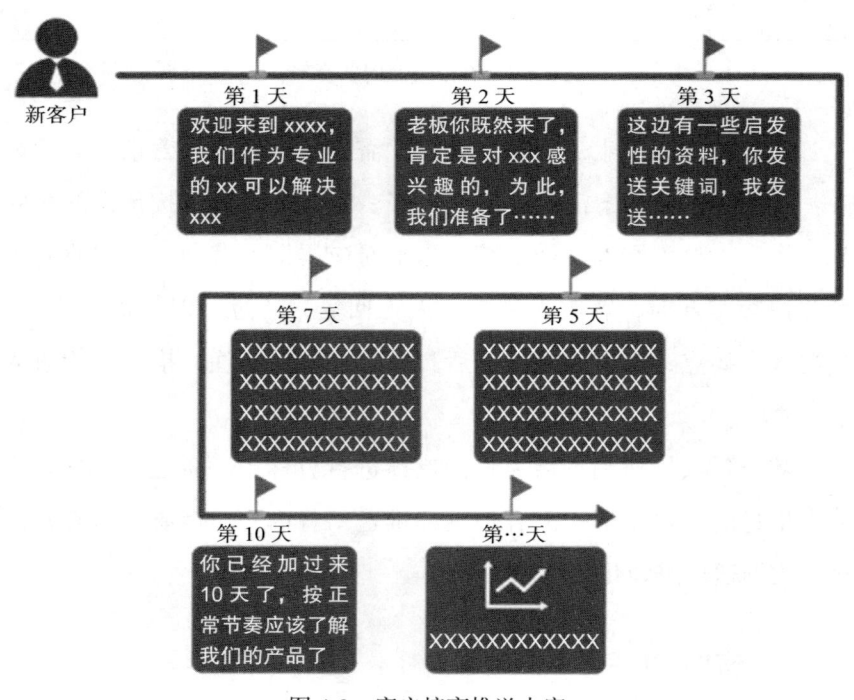

图 4-9　客户培育推送内容

□ **客户激活 SOP**：对企业来说，相比于新客的数量，系统中的沉默客户数量是庞大的。当经历过完整的新客 SOP 培育周期后，客户仍长期没有购买或没有回复过消息，则这类客户可被筛选出来定义为沉默客户，推送定制化内容。

客服或运营人员根据近期的营销活动安排可提前把需要执行的相关任务创建好，包括要推送给哪批客户（可根据标签、添加时间段、添加渠道、性别等进行筛选）、推送的内容、推送的时间，如图 4-10 所示。通过 SOP 确保每个来到私域的客户都会陆续接收到标准化的内容推送，可避免对同一个客户推送重复内容。在推送的内容序列中，如果有一条能打动客户，引起他们的交谈、试用或购买，营销目的就达到了。

图 4-10　新客 SOP 任务创建规则

到任务推送时间后系统会给员工的企业微信端发送一条推送消息的提醒，员工点击一下即可把标准化内容推送给对应的客户，完成价值传递，如图 4-11 所示。

图 4-11　SOP 任务推送到客户端

在 SOP 任务列表页可以查看按时间顺序需要依次执行的推送任务，如图 4-12 所示。

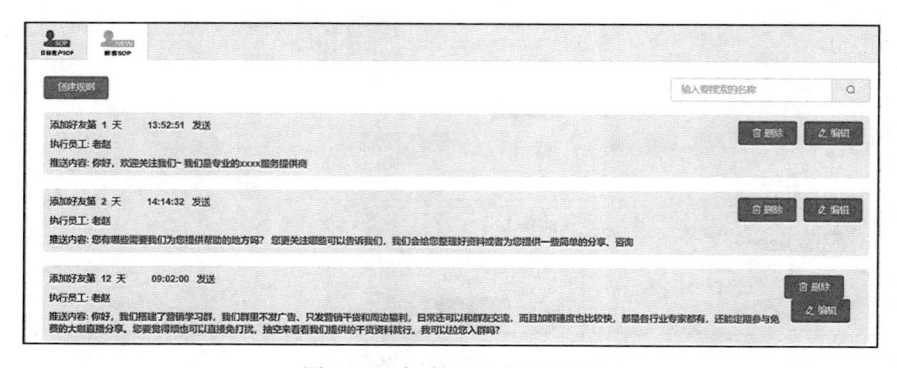

图 4-12　新客 SOP 任务列表

在给客户自动推送的文案中可放置"钩子",引起客户的兴趣,以便进一步深入交流。比如可以在自动推送的文案中放置一个关键词列表,邀请客户回复关键词获取对应的文字、文章或视频(自动化环节)等产品介绍材料或学习资料。客户回复关键词后,客服人员收到消息,通过聊天快捷回复功能(见 4.1.7 节)可快速将对应资料发送给客户,并进一步人工挖掘客户的需求(客服人工介入环节)。

4.1.5 流失客户提醒

在被客户删除的第一时间,负责该客户的客服人员将会在企业微信中收到一条消息通知,告知是哪位客户删除了该企业微信,如图 4-13 所示。客服人员可通过短信等工具做后续的客户挽留、客情维护操作。

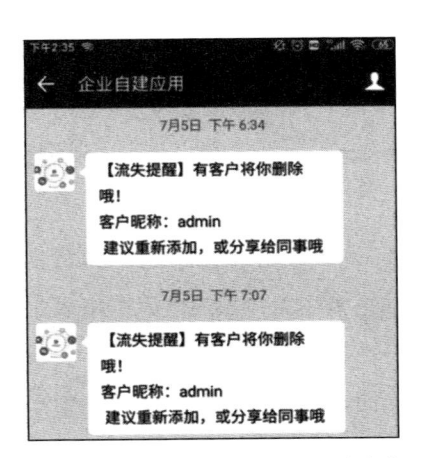

图 4-13 客户流失时,企业微信客户端会收到提醒

企业为什么能在第一时间收到客户删除的通知？这是因为被客户删除后，企业微信会发送一条消息通知系统的回调接口，在系统中解析消息对应的事件，判断事件类型，然后推送给企业微信客户端，更多详细内容可查看 2.1.3 节。

在客户管理平台的流失客户管理模块中也可以查看已流失的客户的情况，统计每位员工的流失客户数，如图 4-14 所示。

全部客户	所属客户	标签	性别	添加时间	删除时间	添加渠道
@微信	老赵	批量标签测试1	女	2021-06-27 16:53:55	2022-04-27 21:49:40	未知来源
@微信	朝日	技术 重要 批量标签测试2 新加客户	男	2021-07-12 22:03:31	2022-10-10 10:55:42	扫描二维码

图 4-14　流失客户管理

4.1.6　在职继承客户

在职继承是指管理员将在职员工负责的客户、群分配给其他员工跟进。在工作中，如果员工工作发生变动，可以通过在职继承的方式将他的客户资源继续保留在企业。在职继承后，原添加人对客户的备注信息、打的标签、手机号、备注名等信息都将同步共享给交接的员工。

同样，企业微信还有离职继承功能，即将离职员工的客户一键分配给其他员工继续跟进服务，如图 4-15 和图 4-16 所示。

图 4-15 在职继承分配指引示例

图 4-16 用户端看到的继承结果

4.1.7 聊天快捷回复

在企业的客服人员向客户介绍产品、回答客户问题的时候，有很多话术都是有共性的，比如发送产品宣传文档、介绍产品功能、回答常见问题等。通过在素材管理模块中配置聊天话术文本、图片、图文、文件等素材，客服人员可以在聊天侧边栏选中后直接发送给客户。快捷回复功能可以让客服人员更高效地与客户沟通，节省每次思考组织话术的时间成本，对接更多的客户。

企业微信提供了快捷回复功能，如图 4-17 所示，但只支持文本格式。如果想支持图片、文件、图文等类型的内容，可基于企业微信开放的 API 做二次开发。

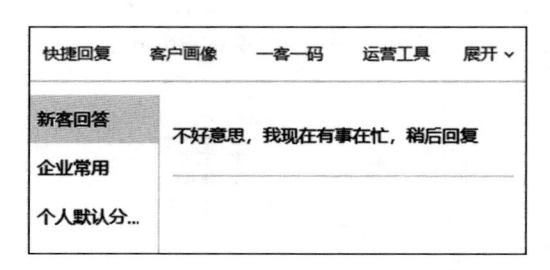

图 4-17 企业微信自带的聊天侧边栏

4.1.8 客服消息

微信用户不用添加员工好友就能在网页、公众号、小程序等各个入口发起咨询。企业的客服人员在企业微信统一回复，用户在微信里收到消息通知。

历史客服消息统一折叠在"客服消息"模块中，如图 4-18 所示。

如果用户后续有问题需要询问，可再次发起咨询。与公众号的对话模式类似，只有当用户主动发起消息时，企业客服才能在 48 小时内进行回复。

图 4-18 微信"客服消息"模块

对于很多只是想初步了解的用户来说，通过微信客服建立联系是一种很好的模式。如果只能强行添加企业微信才能对话，可能会导致用户流失。在一些与用户初次接触的入口，如网站、小程序、公众号等，如图 4-19 所示，可通过微信客服初步建立起联系，解答用户的问题。后续可将意向的用户进一步发展成企业微信好友。

图 4-19 微信客服可接入的场景（截图自企业微信后台）

4.2 客户群运营管理

基于企业微信开放的 API 可以对客户群做的功能点不如对客户

运营做的功能点多，主要包括客户群的查看和管理，以及针对群的 SOP 营销推送。

4.2.1 群检索查看

在群列表页可查看当前添加了哪些群，每个群的覆盖用户量是多少，如图 4-20 所示。通过给群打标签，可以对群进行标注管理。在群详情页可以查看群成员、性别、进群时间等信息，如图 4-21 所示。

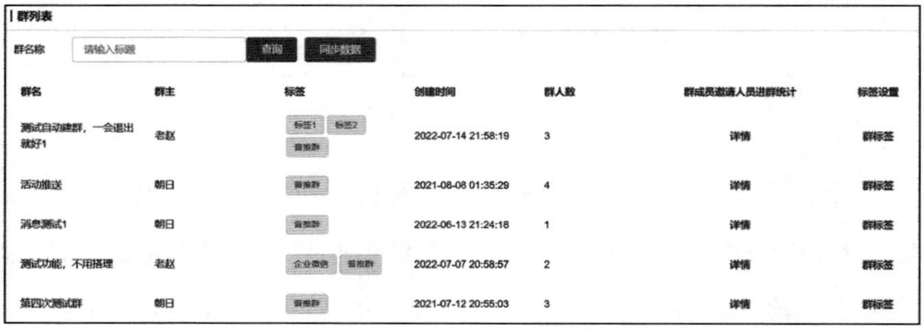

图 4-20　企业微信群列表页

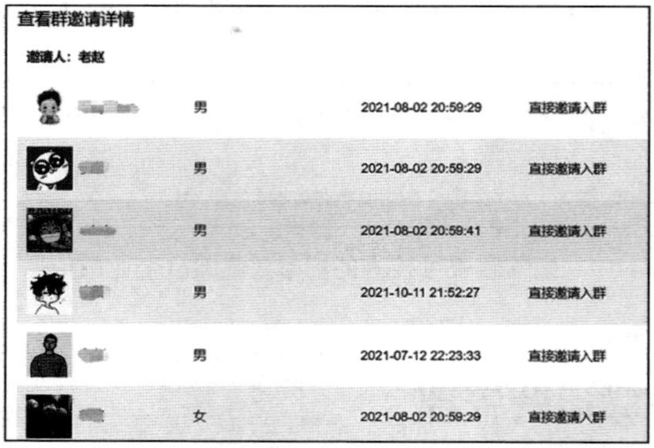

图 4-21　企业微信群详情页

4.2.2 群 SOP

在客户 SOP 中，可以基于多种条件选择目标人群或创建客户旅程，然后交由对应的负责人员进行消息推送，但是在群 SOP 中，只能选择群的负责人让他对负责维护的所有群进行消息推送，无法实现只针对目标群的自动化推送（当然手动推送消息可以）。

对于群 SOP，其实我们在日常中也深有体会，比如在某快餐门店扫码点餐消费的过程中，通过一些引流链路会进入"【xxx 店福利 x 群】"，然后在群中可日常接收到消息推送。同样地，咖啡等各种餐饮、零售品牌都在通过微信群运营维护私域用户。

通过设定好群 SOP 运营方案，如表 4-1 所示，可实现拉人入群、自动打招呼、每天消息推送的流水线作业。

表 4-1　群 SOP 模板示意

版块	话术类型示例
群公告	请严格遵守群规： 1）本群是福利群，暂不解决客服问题，如有问题可私聊 xxx 2）本群禁止私自拉人进群 3）本群禁止发布与 xx 无关内容，一经发现送"飞机票"一张
进群打招呼语句	【用户昵称】你好，欢迎加入福利群 1）本群 4.8 折优惠券已自动发送到您的账户 2）本群每天都有各类餐饮券及丰富活动，记得来参加哦
活动内容推送 1	xx 日—yy 日 4 款人气套餐限时优惠，xxx 指定三件套同款第二份半价
活动内容推送 2	哇塞【30 元大额优惠券】来袭 限量 10 张！抢 xxx.yy/zzz
……	……
推荐新品 1	xxx 的推荐时间又到喽 今天 xxx 给大家推荐这款【yyyyy】 选自 tttt 食材，零售价：96 元；限时价：69 元

(续)

版块	话术类型示例
推荐新品 2	今天给大家推荐的是这块酸甜可口，果香怡人的【yyyy】。选用 tttt 食材，零售价：28.9 元；限时价：18.9 元
……	……

4.3 引流获客

企业微信的引流获客主要包括员工活码和群活码两种方式。基于活码可实现对添加的好友自动打上对应的标签、自动备注来源渠道、自动发送个性化欢迎语等功能。

4.3.1 员工活码

企业做活动推广时，一般会在多个渠道进行推广。比如女装行业会在微博、抖音、公众号、视频号等多个渠道进行推广，但不同渠道的客户需求不同，不适合用同一个欢迎语。同样地，对来自不同渠道的客户也需要打上不同的渠道标签。

员工活码用于获客时自动给客户打标签、自动发送个性化欢迎语等，且永不过期，自带渠道统计分析的功能。在活码列表页可查看当前所有员工活码信息，如图 4-22 所示。

员工活码详情页可以查看活码的创建条件，包括活码归属于哪个成员（客户扫码后被分配给谁）、客户扫码后被打的标签、自动推送的欢迎语、应用的场景类型等，如图 4-23 所示。

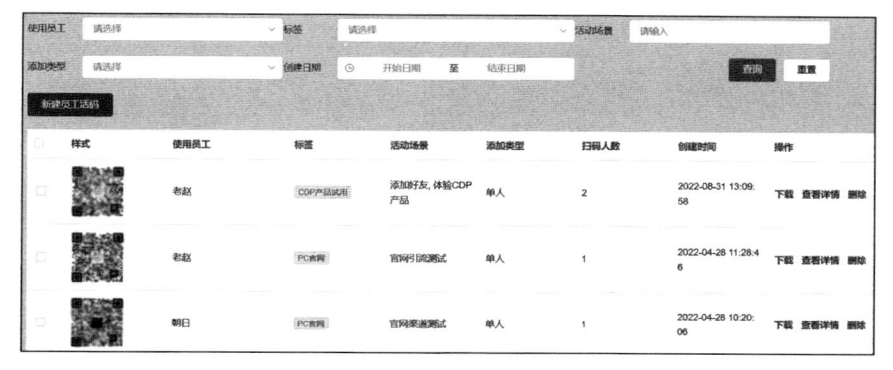

图 4-22　员工活码列表页

图 4-23　员工活码详情页

在员工活码创建过程中主要需要设置如下几个参数，创建界面如图 4-24 所示。

- 类型：单人或多人。其中客户扫描单人活码后只能添加分配给他的这个员工，多人活码可以选择多名员工，并且扫码随机添加其中一名员工，实现分流。
- 使用员工：该活码是分配给哪个员工使用，或随机分流给哪几个员工使用。
- 添加设置：客户扫码后是自动添加成功还是需要确认才添加

成功。一般都是默认自动添加。

- 扫码标签：客户扫描该二维码后被打上的标签。
- 活动场景：该二维码被投放的渠道场景，对于同一个员工，不同渠道的员工活码可以设置不同的欢迎语，实现差异化运营。
- 欢迎语：客户扫码成功添加好友后自动推送的欢迎语素材。

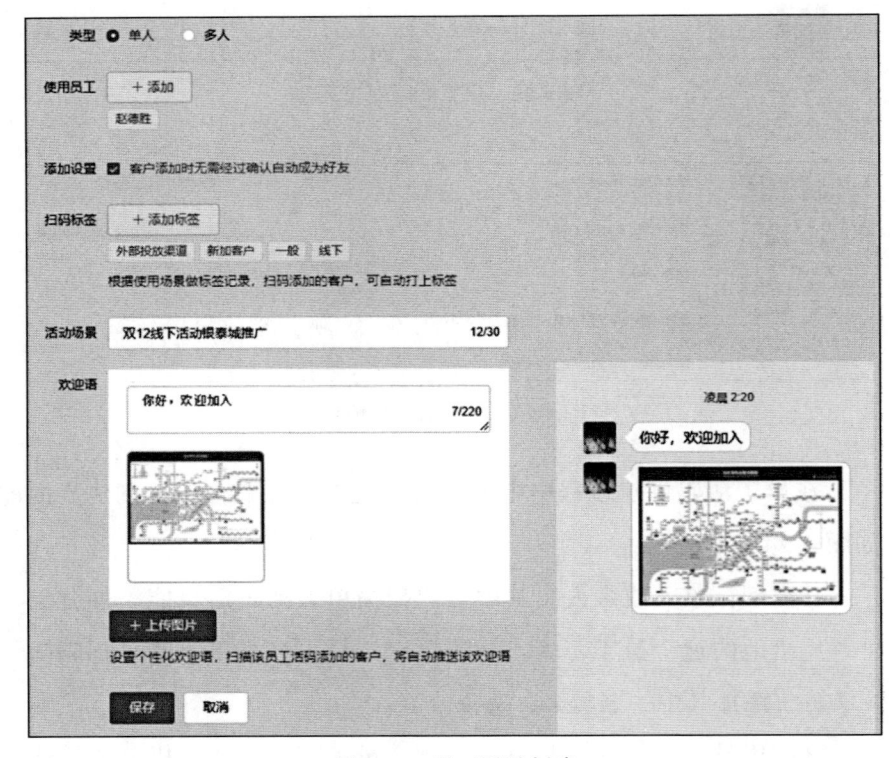

图 4-24　员工活码创建

员工活码有非常多的日常应用场景，比如在公众号文章的底部出现，通过被文章吸引的客户扫描二维码添加企业微信好友，这时可随机分配接待的员工，发送个性化的打招呼语句，并根据投放的渠道给客户打上相应的标签。同样，员工活码也可用在线下门店、小程序等场景中，管理后台可以统计每个投放出去的活码添加了多少客户。

4.3.2 群活码

企业微信群活码是指将多个群二维码合并成一个二维码，客户扫码时会随机出现其中一个，这样就把群好友 200 人的上限提高到了 1000 人（可配置 5 个群），拉客后可实时统计各个群的进群人数，如图 4-25 所示。

图 4-25　群活码列表页

创建群活码时，可选择已有的群进行添加然后创建一个新的群二维码，如图 4-26 所示。这个新的群活码不是一个实际的群，用户在扫码后实际进入的是创建任务时被添加的群。

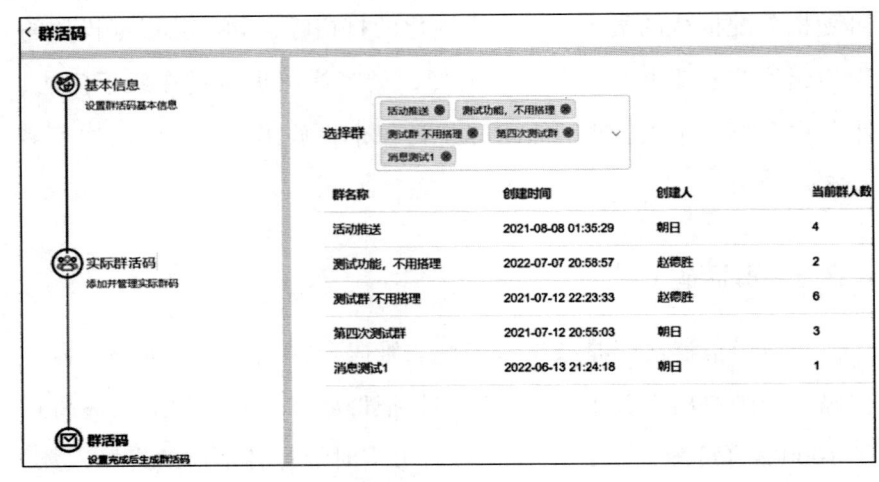

图 4-26　创建群活码

4.4　数据统计分析

4.4.1　客户维度数据

可以查看客户维度数据统计情况，如好友总数、新好友数量、有标签好友比例、有备注好友比例、新好友趋势、群消息数据、好友性别分布、好友来源、Top 好友标签、已删除或拉黑好友列表、群数量等，如图 4-27 所示。

也可以查看客户联系数据统计情况，包括发起申请数和新增客户数，如图 4-28 所示。

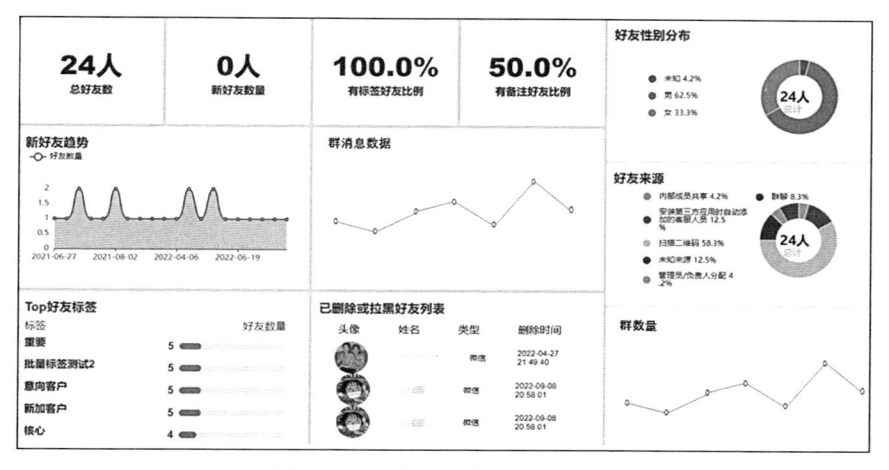

图 4-27 客户维度数据统计情况

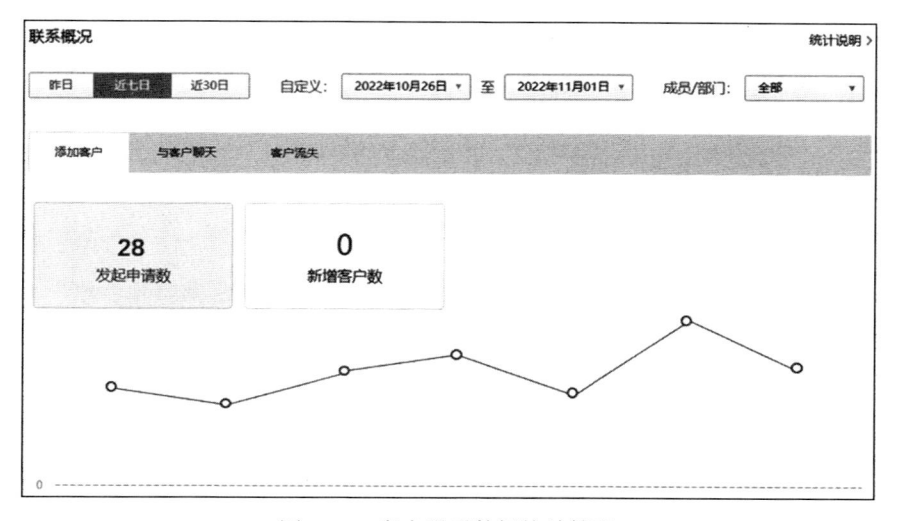

图 4-28 客户联系数据统计情况

4.4.2 群维度数据

可以按某个成员或查看企业全部群的统计数据，包括群聊总数、创建群聊数、有过消息的群聊数、群成员总数、新增群成员数、发过消息的群成员数、群聊消息总数、发送红包数、发送红包总数等，如图 4-29 ～图 4-31 所示。

除了这些粗粒度的统计分析，还可以根据 API 进一步统计每个群每天的进群用户数、退群用户数、次日留存率、7 日留存率等精细粒度的数据。

图 4-29 群聊统计数据

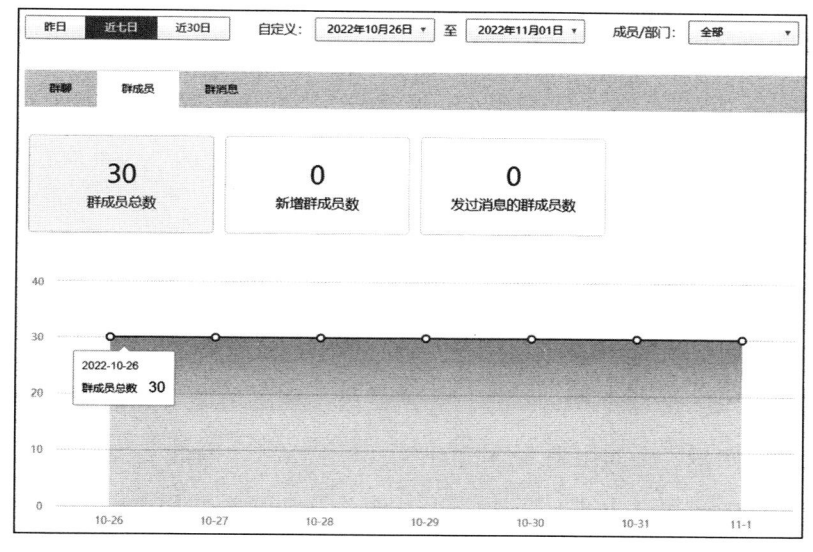

图 4-30　群成员统计数据

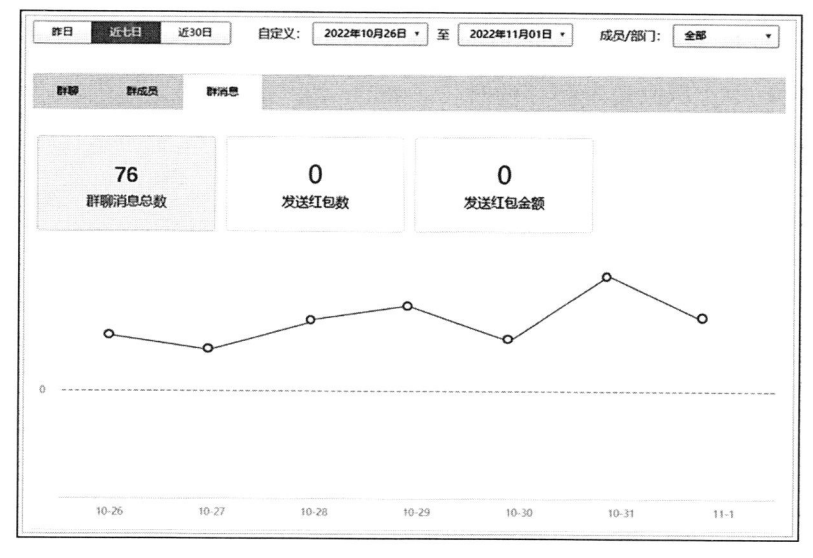

图 4-31　群消息统计数据

4.5 功能应用开发示例

4.5.1 缓存 accessToken

前文提到，accessToken 是企业调用接口的凭证，其他业务 API 都需要依赖 accessToken 来鉴别调用者身份。accessToken 下发的有效期一般是 7200s（即 2h），过期后可通过企业的 AppId 和 AppSecret 去调用接口获取 accessToken。但是一般第三方平台会限制不能频繁调用 getToken 的接口，否则会受到拦截，且每个接口一般会限制每日调用次数（比如限制最多 2000 次调用/天）。因此需要将获取的 accessToken 缓存下来，每次调用其他业务 API 时使用缓存数据，当缓存数据时间过期后再通过 API 请求。下面通过工程代码来了解背后的实现逻辑。

通过类 WechatContactExpireModel 将获取的 accessToken 缓存在内存中，可以设置缓存的时长（setTime），代码如下：

```
/**
 * 缓存企业微信地址的 accessToken 变量
 */
public class WechatContactExpireModel<T> {
    // accessToken 值
    private T value;

    // 存储时间
    private Long setTime;

    // 过期时长
    private Long expireTime;

    public WechatContactExpireModel(T value, Long expireTime) {
```

```
        super();
        this.value = value;
        this.expireTime = expireTime;
        this.setTime = System.currentTimeMillis();
    }

    public T getWechatContactToken() {
        T result = null;
        if (System.currentTimeMillis() - this.setTime <= this.
            expireTime) {
            result = this.value;
        }
        return result;
    }
}
```

在调用其他业务接口时需要判断当前 accessToken 是否还在内存中,如果在则直接调用(getWechatContactToken())。如果已经过期,不在内存中,则需要通过微信的 API 重新获取 accessToken, 再缓存到内存中。代码如下:

```
public WechatContactExpireModel<String> em;

    // 判断存储的 accessToken 是否还在
    if (em.getWechatContactToken() != null) {
        token = em.getWechatContactToken();
    } else {
    // 如果不在,则重新请求微信的接口获取 accessToken
        token = weAccessTokenService.findContactAccessToken();
        em = new WechatContactExpireModel<>(token,
            3600*1000L*2);
    }
```

4.5.2　更新客户详情数据

一般,新添加客户的数据可以通过接收微信推送的数据包的方式更新记录到数据库中，但在系统初始化历史用户数据或者存在漏更新的情况下，也需要一次性批量更新全部客户标签数据，如图 4-32 所示。

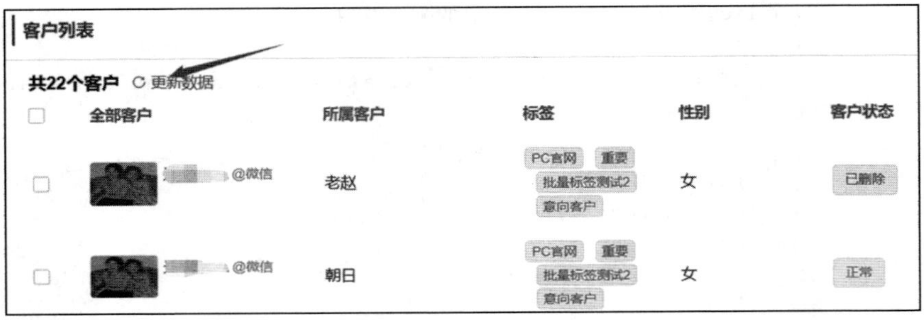

图 4-32　客户列表页"更新数据"按钮

首先定义接口规范，由于该接口的作用主要是更新数据库中的用户标签、备注等数据，不用返回数据给前端页面展示，因此该接口的请求参数和返回参数（data）都是空。

- 请求 URL：/wechat/customer/batch/getbyuser。
- 请求方式：GET。
- 请求参数：无。

返回参数示例如下：

```
{
    "flag": true,
    "code": 200,
    "message": "查询成功",
    "data": ""
}
```

返回参数说明如表 4-2 所示。

表 4-2 返回参数说明

参数名称	数据类型	说明
flag	Boolean	返回状态标志位
code	Integer	返回状态码
message	String	消息信息
data	Object	返回参数对象

下面通过工程代码来了解背后的实现逻辑。

基于官方的 API 文档来实现产品功能时还是需要考虑一下处理技巧。比如这个按钮的作用是更新全部客户数据，但是 API 文档中批量获取客户详情的接口只支持按员工 id 批量查询指定成员添加的客户信息。因此调用请求来到 controller 层时，需要首先查询数据库获取所有员工的 id，然后把这些 id 传入 service 层进行具体的逻辑处理。

```
@Autowired
WeConsumerService weConsumerService;

@ApiOperation(value = "批量更新客户详情")
@RequestMapping(value = "/batch/getbyuser", method =
    RequestMethod.GET)
public ResultSegment batchGetbyuser(){
    // 获取所有员工 id
    List<String> userIds = weCustomerMApper.getUserIdList();
    weConsumerService.batchGetbyuser(userIds);
    return new ResultSegment(true, 200, "查询成功");
}
```

由于客户的数据可能很多，而 API 文档中批量查询的接口只支持一次最多返回 100 条记录，如果有几十万微信客户，则需要调用上千次接口，该接口将无法正常提供支持，因此考虑开启多线程任务去并行拉取微信端的数据。在 service 层中通过多线程任务 AsyncScrmTask

去处理所有员工（userIds）管理的客户数据，代码如下：

```java
// 请求微信的 API
@Autowired
WechatClient wechatClient;
// 查询数据库
@Autowired
WeCustomerMapper weCustomerMapper;

// 开启多线程
private static ThreadPoolExecutor threadPoolExecutor = new
    ThreadPoolExecutor(8, 8,
        1000, TimeUnit.MILLISECONDS, new SynchronousQueue
            <Runnable>(),
        Executors.defaultThreadFactory(), new ThreadPoolExecutor.
            AbortPolicy());
// service 层逻辑处理
@Override
public String batchGetbyuser(List<String> userIds) {
    // 异步更新大批量数据
    threadPoolExecutor.execute(new AsyncScrmTask(userIds,
        wechatClient, weCustomerMapper));
    log.info("---> 后台异步更新客户数据 ");
}
```

在多线程更新数据库时的处理逻辑包括从微信端拉取用户数据（每次 100 条）更新到数据库，获取分页参数，然后循环执行这个过程，直到返回的分页参数值为空，代表全部数据已拉取完成，代码如下：

```java
public class AsyncScrmTask implements Runnable {
    private BatchGetbyuserDTO getFromWechatInfo;

    private WechatClient wechatClient;

    private WeCustomerMApper weCustomerMApper;
```

```java
public AsyncScrmTask(BatchGetbyuserDTO batchGetbyuserDTO,
    WechatClient wechatClient, WeCustomerMApper
    weCustomerMApper) {
    this.getFromWechatInfo = batchGetbyuserDTO;
    this.wechatClient = wechatClient;
    this.weCustomerMApper = weCustomerMApper;
}

@Override
public void run() {
    // 第一批更新(100 条数据)
    BatchGetbyuserResponse getFromWechat = wechatClient.ba
        tchGetbyuser(getFromWechatInfo);
    // 存储到 MySQL
    saveUserInfos(getFromWechat);

    // 获取分页参数
    String cursor = getFromWechat.getNext_cursor();
    // 后续批量更新完
    while (!cursor.equals("")) {
        BatchGetbyuserDTO newRequest = new BatchGetbyuserDTO();
        newRequest.setUserid_list(weCustomerMapper.
            getUserIdList());
        newRequest.setCursor(cursor);
        newRequest.setLimit(100);
        BatchGetbyuserResponse newResult = wechatClient.
            batchGetbyuser(newRequest);
        // 存储到 MySQL
        saveUserInfos(newResult);
        cursor = newResult.getNext_cursor();
    }
}

// 存储到 MySQL 的逻辑
public void saveUserInfos(BatchGetbyuserResponse
    getFromWechat) {
    // 批量存储从微信接口获取的客户信息
    List<UserDetailInfoDTO> allDetail = new ArrayList<>();
    for (BatchGetbyuserResponse.ExternalDetail detail :
```

```
                getFromWechat.getExternal_contact_list()){
            // 业务逻辑处理
            allDetail.add(userDetailInfoDTO);
        }
        // 写到数据库
        weCustomerMApper.insertOrUpdateUserInfo(allDetail);
    }
}
```

4.5.3 给客户批量打标签

给客户批量打标签是指针对条件筛选出的微信好友批量打上一个新标签，如图 4-33 所示。例如根据组合标签条件"北京市""性别女""多次购买"筛选出一批用户，然后给他们都打上一个新标签"一线城市强购买力"。

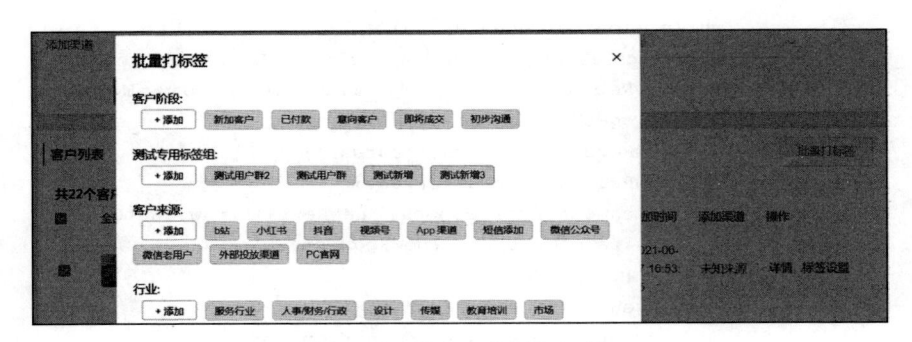

图 4-33　给客户批量打标签

这个逻辑很像在 App 画像产品端组合条件圈选人群包，不同的是，App 渠道对人群包的计算是通过 Hive 或 Spark 跑批大数据任务（需要 $T+1$ 完成打标签）完成，而微信渠道是直接修改数据库里面的标签数据（实时完成打标签）。

首先定义接口规范，从该场景的分析来看需要传入的参数包括用户 id 列表和被打上的新标签。由于是更新用户标签，所以调用接口不需要给前端返回任何数据，前端只需再调用一下列表页的接口，即可刷新出更新后的数据信息。

❑ 请求 URL：/wechat/customer/batch/marktag。

❑ 请求方式：POST。

请求参数示例如下：

```
{
    "userIds": ["", ""],
    "newLabel":""
}
```

请求参数说明如表 4-3 所示。

表 4-3 请求参数说明

参数名称	数据类型	必填	说明
userIds	List<String>	Y	客户 id 列表 由前端传入筛选出的客户 id 列表
newLabel	String	Y	新标签

返回参数示例如下：

```
{
    "flag": true,
    "code": 200,
    "message": "查询成功",
    "data": ""
}
```

返回参数说明如表 4-4 所示。

表 4-4 返回参数说明

参数名称	数据类型	说明
flag	Boolean	返回状态标志位
code	Integer	返回状态码
message	String	消息信息
data	Object	返回参数对象

下面通过工程代码来了解背后的实现逻辑。

在 controller 层接收传过来的参数，传给 service 层处理逻辑：

```
@Autowired
WeConsumerService weConsumerService;

@ApiOperation(value = "客户管理 批量标签设置")
@RequestMapping(value = "/batch/marktag", method =
    RequestMethod.POST)
public ResultSegment customMarkTagBatch(@RequestBody
    BatchMarktagDTO batchMarktagDTO){
    weConsumerService.customMarkTagBatch(batchMarktagDTO);
    return new ResultSegment(true, 200, "查询成功");
}
```

其中传入的参数 BatchMarktagDTO 的格式如下：

```
@Data
public class BatchMarktagDTO {
    private List<String> userIds;   // 需要打标签的 userId
    private String newLabel;        // 新打标签
}
```

在 service 层中遍历需要打标签的用户 id，查询负责每个用户的员工 id，然后将这些参数带入企业微信的 API 请求更新。

```
// 请求微信的 API
@Autowired
WechatClient wechatClient;
```

```java
// 查询数据库
@Autowired
WeCustomerMapper weCustomerMapper;

@Override
public void customMarkTagBatch(BatchMarktagDTO batchMarktagDTO)
{
    // 修改企业微信端标签
    for (String userId : userIds) {
        ExternalMarkTagNewDTO markTag = new
            ExternalMarkTagNewDTO();
        // 负责客户的员工 id
        markTag.setUserid(weCustomerMapper.getUserId(userId));
        // 客户 id
        markTag.setExternal_userid(userId);
        List<String> addTagList = new ArrayList<>();
        for (String addTag : newLabel.split(",")){
            addTagList.add(hashMap.get(addTag));
        }
        markTag.setAdd_tag(ArrayUtil.toArray(addTagList,
            String.class));

        // 调用微信的更新标签 API
        WeResultDto result = wechatClient.markTag(markTag);
    }
}
```

Chapter 5 第 5 章

公众号场景

在公众号场景中，可集成的粉丝运营管理功能包括粉丝标签管理、关键词回复消息、自动回复消息、模板消息推送、自定义菜单、裂变海报等。这些功能不仅可以帮助企业更好地管理粉丝，还可以在多种运营玩法下提升公众号的曝光度和用户互动率，为企业带来更多商机。

5.1 粉丝管理

5.1.1 粉丝标签管理

粉丝标签是指根据粉丝行为主动对粉丝进行分组的工具，从而使企业更好地理解粉丝。首先，利用粉丝标签可以加深企业对粉丝的了解。给定不同标签，企业可以精准地了解粉丝的人口统计学、兴趣爱好和行为偏好等特征，为投放更有针对性的内容提供有力支持。其次，基于标签可以实现对营销信息的定向投放。简单来说就是，按不同标签将用户有条理地分类，根据标签对营销素材进行定向投放，避免对无关粉丝的打扰，提高投放效率。此外，粉丝标签也能有效地提升活跃度和传播能力，使企业编辑更加精准的推文，加强社交媒体的活跃度和传播力，实现传播效果的最大化。

公众号和企业微信一样，也有自己独立的标签管理功能，以及开放的相关 API。粉丝标签管理支持创建、编辑、删除标签，查看每个标签下覆盖多少粉丝等功能，如图 5-1 所示。

ID	标签名称	标记粉丝数	操作
100	铁粉	1	编辑 删除
104	直播拉新	0	编辑 删除
105	活动拉新	0	编辑 删除

图 5-1 粉丝标签管理

5.1.2 粉丝列表管理

在粉丝管理列表页可以查看粉丝账号 id、粉丝关注距今天数、粉丝的标签、添加渠道、是不是企业微信的私域好友等，如图 5-2 所示。

如图 5-3 所示，当粉丝也为企业微信私域好友时，可通过当前粉丝的 unionid 账号查询他的全渠道画像情况。unionid 为用户在微信平台上的唯一 id 信息，通过微信开放平台绑定企业账号可打通

unionid，同一用户在企业微信、公众号、小程序渠道的 unionid 唯一。这也是做全渠道画像的重要意义，通过账号的打通分析用户在不同平台上的行为，一方面企业可根据用户的不同行为进行线索打分，另一方面客服在和用户沟通时可根据用户的行为记录做针对性的沟通。

图 5-2　公众号粉丝列表页示例

图 5-3　公众号粉丝筛选条件

通过条件筛选可筛选出符合业务条件的粉丝数据，如在黑名单模块中可查看关注公众号后又取消关注的粉丝。

5.1.3 获取粉丝行为

在粉丝和公众号产生交互的过程中，粉丝的某些操作会被微信服务器通过事件推送的形式通知到开发者配置的回调地址，从而使开发者获取到该信息。可推送的事件类型列举如下：

1）关注/取消关注事件。

2）扫描带参数二维码事件。

3）上报地理位置事件。

4）自定义菜单事件。

5）点击菜单拉取消息时的事件推送。

6）点击菜单跳转链接时的事件推送。

通过解析推送过来的事件对应的 XML 数据包，可以获取粉丝进行过什么行为操作的事件日志。

例如关注公众号事件，推送的 XML 数据包格式如下：

```
<xml>
    <ToUserName><![CDATA[toUser]]></ToUserName>
    <FromUserName><![CDATA[FromUser]]></FromUserName>
     <CreateTime>123456789</CreateTime>
    <MsgType><![CDATA[event]]></MsgType>
    <Event><![CDATA[subscribe]]></Event>
</xml>
```

公众号推送 XML 数据包的参数说明如表 5-1 所示。

表 5-1　公众号推送 XML 数据包的参数说明

参数	描述
ToUserName	开发者微信号
FromUserName	发送方账号
CreateTime	消息创建时间
MsgType	消息类型，event
Event	事件类型，subscribe（订阅）

将公众号渠道的粉丝数据集成到客户数据平台，并通过 unionid 和企业微信用户的账号打通，就可以看到该粉丝在各平台上的行为轨迹，如图 5-4 所示。

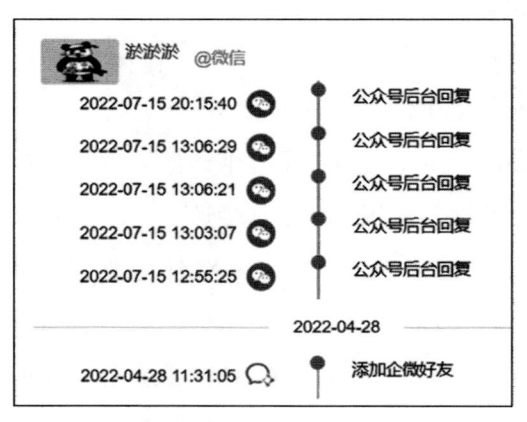

图 5-4　粉丝在公众号上的行为链路示意图

5.2　自动回复

通过公众号后台可自动回复用户的消息包括三种类型：关键词回复、消息回复、被关注回复。

5.2.1 关键词回复

当用户关注公众号,并在公众号后台输入关键词时,系统可自动回复预先配置好的与关键词相关的内容。内容的形式包括文字、图片、图文消息、小程序等。

如图 5-5 所示,这里配置了关键词及回复的消息内容。当用户在公众号上输入关键词时,会触发对应的消息回复,如图 5-6 所示。

关键词	回复类型	回复内容	请求人次	详情	操作
你好	图文消息	欢迎扫码添加小助手微信,拉你进入交流群	25	查看	编辑 删除
你好测试	文字/超链接	测试测试测试	2	查看	编辑 删除
引擎BI模板	图片		1	查看	编辑 删除
技术博客	文字/超链接	电饭锅	4	查看	编辑 删除
机器学习峰会	文字/超链接	机器学习峰会		查看	编辑 删除

图 5-5 关键词回复配置

图 5-6 用户发送关键词后收到的消息

可以在平台上查看关键词每天被触发的次数,如图 5-7 所示。

基于公众号的 API 进行二次开发,可以进一步看到用户在公众号后台发送过的消息、每个关键词每天被触发的次数等数据。如果结合营销自动化功能,还可以让系统自动为触发关键词的用户打上预设标签。

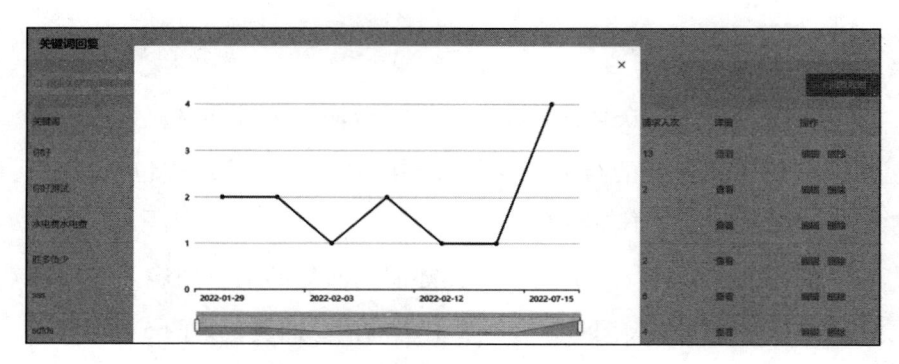

图 5-7　查看关键词每天被触发的次数

5.2.2　消息回复

用户在公众号后台输入文字，如果没有匹配上关键词则自动回复兜底的配置内容。一般兜底的内容可配置为常用的关键词信息或微信二维码，引导粉丝添加私域好友后做进一步的服务、拉入交流微信群等操作。

5.2.3　被关注回复

当用户关注公众号后，被关注回复是公众号自动推送给用户的第一条消息内容。第一条消息可以介绍公众号的定位的相关信息，包括公众号的目标、品牌形象、提供的服务等；也可以编辑引导文案与粉丝产生互动。如图 5-8 所示，可以通过关键词列表引导用户回复关键词来进一步了解产品，进行客服咨询或添加私域好友。

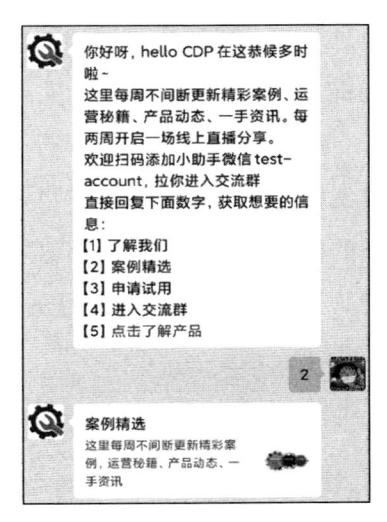

图 5-8　被关注回复示意图

5.3　消息推送

消息推送是一个非常重要的功能，是公众号主动触达用户的渠道。通过在公众号后台推送消息（如产品新上功能通知、产品试用邀请、添加私域好友，报名参加线上活动等），可以引导用户开始下一步行为。这个环节增加了品牌的曝光和用户的黏性，吸引了用户的注意与兴趣，便于用户留存。

公众号有两种消息推送形式：模板消息（仅服务号可用）和群发消息（订阅号、服务号均可用）。

5.3.1　模板消息

模板消息只对认证的服务号开放，有固定的模板格式，一般用于会议通知、活动消息通知、情况告警通知等场景。公众号的模板消息可突破每月只能群发 4 次消息的限制，实现不限次数向粉丝进行消息推送。

例如使用丰巢收发快递时，可以在"丰巢智能柜"公众号收到取件通知和寄件通知的模板消息。再如使用医院的公众号预约挂号后，会收到模板消息，提示挂号成功、挂号的科室、时间等信息，防止用户错过就诊时间。

模板消息示意图如图 5-9 所示。

图 5-9　模板消息示意图

点击模板消息卡片，可跳转到 H5 表单页面填写表单信息、跳转到消息页面查看消息或者跳转到小程序落地页面等不同场景。

服务号模板库筛选模板如图 5-10 所示。可根据公众号绑定的行业，在模板库中选择需要使用的模板，一个账号最多可选择 25 个模板。

编号	标题	一级行业	二级行业	使用人数(人)	操作
OPENTM202419051	会员消费提醒	IT科技	互联网电子商务	22954	详情
TM00351	新订单通知	IT科技	互联网电子商务	32150	详情
TM00254	售后服务处理进度提醒	IT科技	互联网电子商务	2816	详情
TM00260	简历投递反馈通知	IT科技	互联网电子商务	666	详情

图 5-10 服务号模板库筛选模板

对于创建的每个任务，可选择要推送的模板类型、推送的粉丝类型（通过标签筛选或全部普推）以及推送模板的时间（立即推送或定时推送），如图 5-11 所示。

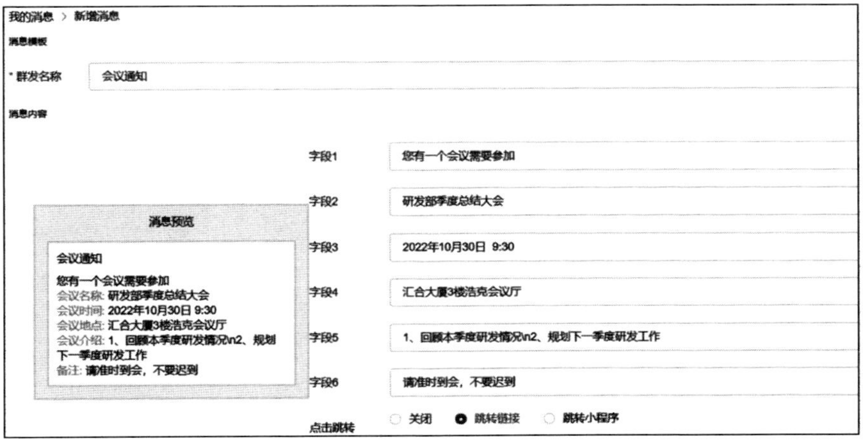

图 5-11 模板消息编辑示意图

在管理后台可查看已创建的模板消息任务，如图 5-12 所示。

在模板消息推送完成后，可通过回调的事件通知获取到给每个粉丝的推送是否成功，进而统计出模板消息任务的整体推送情况，如图 5-13 所示。

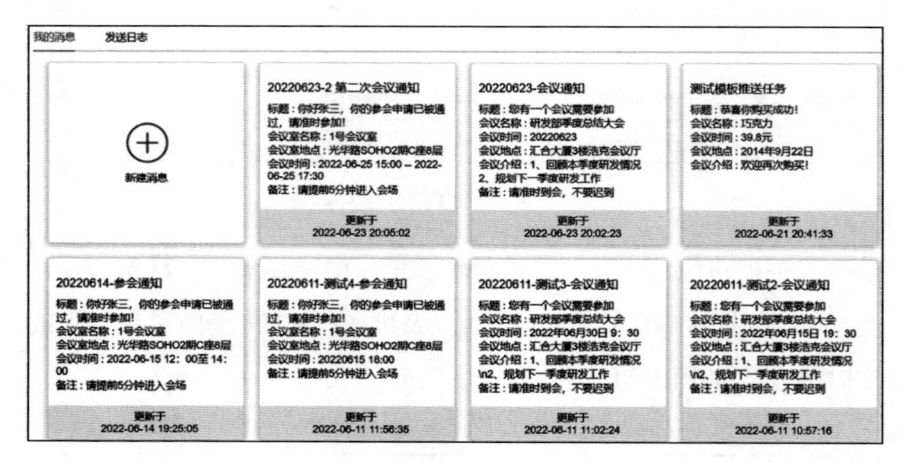

图 5-12　创建过的模板消息示意图

图 5-13　模板消息推送结果示意图

5.3.2　群发消息

公众号的群发消息是对所有粉丝或带某类标签的粉丝进行群发，订阅号每天只能发送一次，服务号每个月只能发送 4 次。粉丝在微信端接收到公众号推送的群发消息。

业务人员可在管理后台配置群发任务信息，包括发送的消息类型（文字、图片、图文消息、语音、视频消息等）、要推送的用户、推送的时间段（立即推送或定时推送），如图 5-14 所示。

图 5-14　配置群发消息规则示意图

对于已创建的任务，可以查看任务覆盖的用户量及任务的推送状态。也可以通过图文分析数据的 API 拉取群发消息的阅读、收藏、分享等维度数据，如图 5-15 所示。

图 5-15　群发消息推送任务示意图

5.3.3 客服消息

当用户和公众号产生特定动作的交互时，微信服务端会把消息数据或行为事件数据推送给企业在公众号后台配置的接收地址。企业可以在48小时内多次调用客服接口，发送消息给用户。

由于订阅号一天只能推送一次消息且只能基于粉丝标签进行推送，服务号一个月只能推送四次消息，这在很大程度上限制了公众号与粉丝的沟通触达。客服消息这一功能弥补了群发次数不足带来的局限性，它可以提高粉丝与公众号的互动次数，向粉丝推送多条消息，通过多轮对话促进提升公众号的转化率。

5.4 引流获客

当下公众号仍是引流获客的一个重要渠道，在引流获客及精细化运营管理方面有一些工具、方法经常被采用，包括带跟踪参数可以给粉丝自动打标签的二维码、可以收集访客信息的网页授权登录、可以基于优质内容活动裂变获客的裂变海报等。下面将详细介绍这几种引流获客的工具和方法。

5.4.1 渠道参数二维码

公众号生成的带参数的二维码有两种类型：一种是临时二维码（最长30天有效期，不限生成数量），另一种是永久二维码（永久有效，最多生成10万个）。通过配置渠道参数可唯一区分每一张投放出去的二维码，用户扫码关注后可自动被打上渠道来源的标识以及配置的标签。

管理后台可统计每一个投放出去的二维码的详细数据，包括二维码的创建时间、失效时间、粉丝扫码后被自动打上的标签、扫码人数、关注人数、取消关注人数等信息，如图 5-16 所示。

二维码名称	关注数	取关数	粉丝标签	创建时间	失效时间
宣传广告	1212	42647	星标组，VIP组，付费...	2019-09-08	永久
线上/线下旗舰店	838	12568	星标组，用户标签	2019-09-08	2019-12-08
线上/线下旗舰店	0303	98	星标组，用户标签	2019-09-08	2019-12-08
线上/线下旗舰店	400	522	客户分组	2019-09-08	永久
电视广告	18399	1256	线上分组	2019-09-08	2019-12-08
地铁广告	3994	62	线下分组	2019-09-08	永久
纸质广告	39948	66	用户标签	2019-09-08	2019-12-08
天津分店	0404	752	用户标签，VIP	2019-09-08	永久

图 5-16　渠道二维码管理页面示意图

5.4.2　网页授权登录

网页授权登录也是一个非常常见的场景，当我们在微信端访问某个链接时，会弹出如图 5-17 所示的授权框，这就是网页授权的环节，通过用户授权可获取用户身份相关信息。授权形式包括两类：静默授权和弹窗授权。这两类授权形式在交互上不同，能获取到的用户信息也不同。

1. 静默授权

以 snsapi_base 为 scope 发起的网页授权，用于获取进入页面的用户的 openid，是静默授权并自动跳转到回调页的。在这种授权下，用户感知到的就是直接进入了回调页（往往是业务页面），应用后台获取的用户信息仅包括 openid。由于企业仅通过 openid 无法打通公众号、小程序等其他平台的账号，因此静默授权一般用于排除用户重复报名活动或重复领取奖品等情况。

图 5-17　网页弹窗授权形式示意图

2. 弹窗授权

以 snsapi_userinfo 为 scope 发起的网页授权，用于获取用户的基本信息。这种授权需要用户手动同意（如图 5-17 所示），即需要等用户同意后才能获取该用户的基本信息。如果点击"取消"则授权失败。授权通过后获取的用户信息如表 5-2 所示。

表 5-2　授权通过后获取的用户信息

字段名称	含义
openid	用户的唯一标识
nickname	用户昵称

(续)

字段名称	含义
sex	用户的性别，值为 1 表示男性，值为 2 表示女性，值为 0 表示未知
province	用户个人资料填写的省份
city	普通用户个人资料填写的城市
country	国家，如中国为 CN
headimgurl	用户头像
unionid	用户将公众号绑定到微信开放平台账号后才有，微信平台唯一 id

通过获取的 unionid 可关联企业微信的客户，进行打标签、备注信息等操作，如图 5-18 所示。

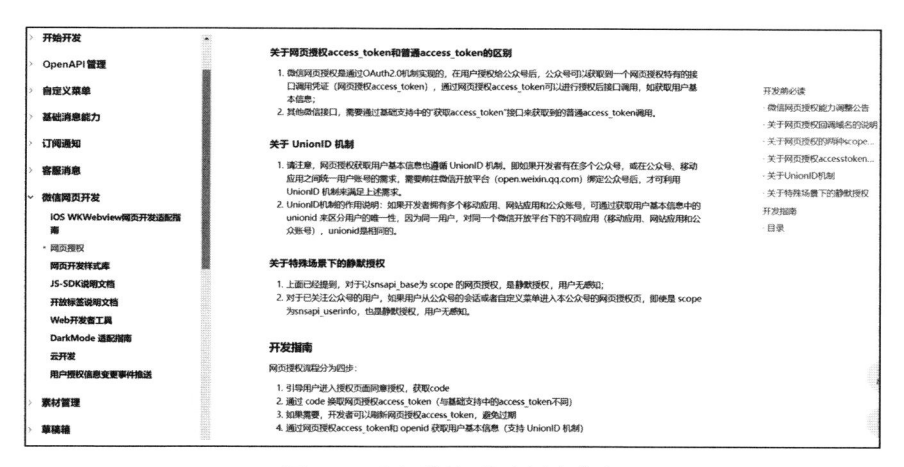

图 5-18　网页授权获取用户信息

网页授权在我们日常使用微信时非常普遍，可应用的场景非常多。

场景一：企业通过授权登录知晓用户访问过哪些页面，通过营销自动化工具向用户推送相应的内容。例如在 B2B 获客场景中，用户访问过产品的介绍页、企业官网页面，此时营销自动化工具可自动在服务号中向该用户推送一条模板消息，邀请他填写试用表单来获取产品的体验账号。

　　场景二：某企业举办线上会议，通过发放线上的表单来获取参加报名的用户信息。通过授权登录，企业可获取到有哪些人浏览过表单，对填写过表单的企业微信好友也可通过 unionid 来打通表单填写者和企业微信好友之间的数据关系（给企业微信好友自动打上与表单收集信息相关的标签）。

5.4.3　裂变海报

　　裂变海报也是公众号引流拉新的一个重要功能点。将裂变活动获取的用户引导至公众号，通过公众号的关注自动回复和关键词回复与用户进行多轮交互的方式是最常见的转化方式。

　　运营人员将营销活动设计成一张精美的海报背景图，分享到朋友圈或微信群，通过活动激励的方式让微信好友分享到朋友圈、好友和微信群，从而达到公众号吸粉、裂变的目的，如图 5-19 所示。

图 5-19　裂变海报传播流程示意图

（1）设置裂变海报

活动发起者提前设计好一张精美的海报，通过优质的内容将活动的特性和用户的需求更好地契合在一起。借助拉新裂变后的奖品吸引粉丝参与到营销活动中来。

（2）粉丝扫码获取专属海报

在粉丝扫码关注公众号后，平台会自动推送个人专属海报。海报中带有粉丝本人的微信头像、与个人绑定的公众号二维码。

（3）粉丝分享海报

粉丝将海报分享给好友、微信群或朋友圈，如果有新的粉丝通过该海报关注到公众号，则算助力成功。

（4）吸引好友关注

新的粉丝通过扫描关注到公众号后同样会在后台收到带本人微信头像的专属海报，循环2、3流程。

（5）完成任务领取资料

如果粉丝通过海报分享邀请到足够数量的新关注者（3人或5人等），则可以在公众号后台自动收到任务完成的奖励（一般是学习资料），通过扫描二维码下载资料或填写表单接收实物资料。

5.4.4 自定义菜单

公众号的自定义菜单是在公众号主页下方输入框位置的菜单栏，最多可添加三个主菜单，每个主菜单上可以添加五个子菜单，如图5-20所示。菜单可添加的内容包括三种类型：

❑ 可跳转到网页或公众号的推文页。

❏ 点击后可直接推送文字、图片、视频等素材。
❏ 可跳转到与公众号绑定的小程序。

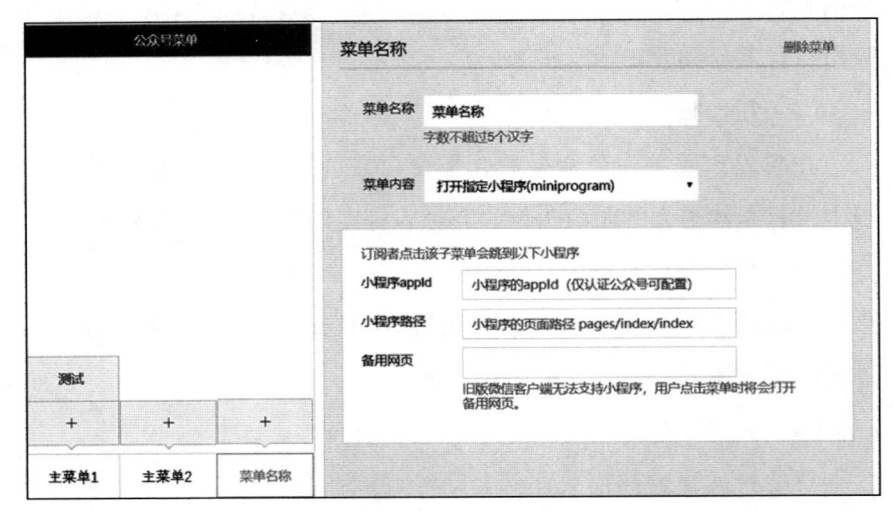

图 5-20　公众号菜单配置示意图

在自定义菜单中我们可以配置想让用户查看的内容，比如历史的优质文章、第三方付费平台、小程序商城、微信群连接方式等。当用户点击菜单时，微信可以把点击事件推送给开发者，由开发者基于用户访问菜单的行为与用户进行自动化交互，多轮对话引导用户的转化（8.4.2 节有详细的案例介绍）。

用户点击菜单跳转链接时的事件推送示例如下：

```
<xml>
<ToUserName><![CDATA[toUser]]></ToUserName>
<FromUserName><![CDATA[FromUser]]></FromUserName>
<CreateTime>123456789</CreateTime>
<MsgType><![CDATA[event]]></MsgType>
```

```
<Event><![CDATA[CLICK]]></Event>
<EventKey><![CDATA[EVENTKEY]]></EventKey>
</xml>
```

用户点击菜单时事件推送参数说明如表 5-3 所示。

表 5-3 用户点击菜单时事件推送参数说明

参数	描述
ToUserName	开发者微信号
FromUserName	发送方账号（一个 OpenID）
CreateTime	消息创建时间（整型）
MsgType	消息类型，event
Event	事件类型，CLICK
EventKey	事件 KEY 值，与自定义菜单接口中 KEY 值对应

5.5 功能应用开发示例

5.5.1 接收推送日志

如前面介绍，用户在与公众号进行交互时，他的某些操作会使得微信服务器通过事件推送将数据包推送到开发者配置的服务器地址，如图 5-21 所示。该数据包是 XML 格式，需要程序解析出数据包中的行为事件、触发时间、粉丝 id 等信息，以用于后续的服务通知、消息推送等营销自动化任务。

在图 5-21 中的服务器地址配置了接收数据的 URL——/account/callback/data，对应的 controller 层接收推送过来的数据传给 service 层进行逻辑处理。

```
@ResponseBody
@ApiOperation(value = "回调接口")
```

```java
@PostMApping("/account/callback/data")
public String dataPost(HttpServletRequest request) {
    log.info("<=== 接收公众号消息接口 ===>");
    // 处理回调
    String respMessage = publicCallbackService.
        dataCallback(request);
    return respMessage;
}
```

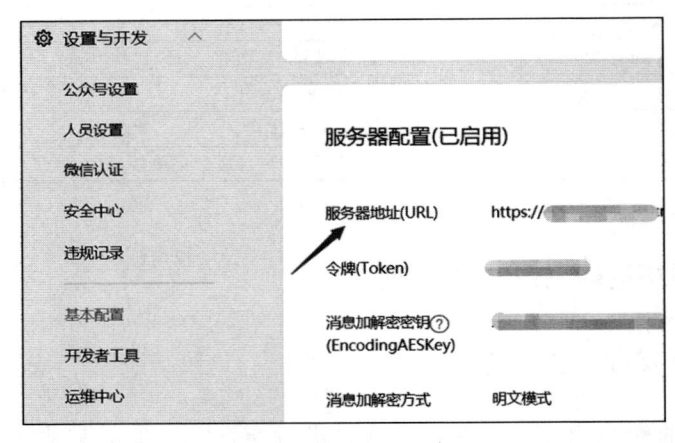

图 5-21　公众号接收回调消息配置

其中 XML 数据包格式如图 5-22 所示。

```xml
<xml>
<ToUserName><![CDATA[toUser]]></ToUserName>
<FromUserName><![CDATA[FromUser]]></FromUserName>
<CreateTime>123456789</CreateTime>
<MsgType><![CDATA[event]]></MsgType>
<Event><![CDATA[subscribe]]></Event>
</xml>
```

图 5-22　XML 数据包格式示意图

service 层通过一个工具类将接收到的 XML 数据包解析成 map

格式，然后获取事件时间、粉丝账号id、事件类型、事件名称等信息。如下面的代码所示，首先判断消息类型（MsgType）是事件推送还是粉丝发送的文本消息，如果是事件推送，则进一步判断是什么事件（关注、取消关注、扫码二维码等），然后根据事件的类型进行相应的业务逻辑处理。

```
@Override
public String dataCallback(HttpServletRequest request) {
    try {
        // 对XML数据包进行解析
        Map<String, String> requestMap = MessageUtil.
            parseXml(request);
        log.info(">>>原始数据" + requestMap.toString());
        // 发送方账号 open_id
        String fromUserName = requestMap.get("FromUserName");
        // 公众账号
        String toUserName = requestMap.get("ToUserName");
        // 消息类型
        String msgType = requestMap.get("MsgType");
        // 消息创建时间
        String createTime = requestMap.get("CreateTime");

        switch (msgType) {
            // 接收事件推送
            case "event" :
                String event = requestMap.get("Event");
                String eventKey = requestMap.get("EventKey");
                switch (event) {
                    case "subscribe": // 关注
                        /** 业务逻辑处理 **/
                        break;
                    case "unsubscribe": // 取消关注
                        /** 业务逻辑处理 **/
                        break;
                    case "TEMPLATESENDJOBFINISH": // 模板消息发送
                        /** 业务逻辑处理 **/
```

```
                            break;
                        case "SCAN":   // 扫描二维码事件
                            /** 业务逻辑处理 **/
                            break;
                        case "CLICK":  // 自定义菜单事件
                            /** 业务逻辑处理 **/
                            break;
                    }
                    break;
                // 接收文本消息
                case "text" :
                    break;
            }
        } catch (Exception e) {
            e.printStackTrace();
        }

        return "";
    }
```

这里介绍一下将 XML 数据包解析成 map 数据格式的工具类 parseXml 的处理逻辑，供有开发需求的工程师参考。

```
public static Map<String, String> parseXml(HttpServletRequest
    request) throws Exception {
    // 将解析结果存储在 HashMap 中
    Map<String, String> map = new HashMap<String, String>();

    // 从 request 中取得输入流
    InputStream inputStream = request.getInputStream();
    // 读取输入流
    SAXReader reader = new SAXReader();
    Document document = reader.read(inputStream);
    // 得到 XML 根元素
    Element root = document.getRootElement();
    // 得到根元素的所有子节点
    List<Element> elementList = root.elements();
```

```
// 遍历所有子节点
for (Element e : elementList)
    map.put(e.getName(), e.getText());

// 释放资源
inputStream.close();
return map;
}
```

5.5.2 创建模板消息任务

创建服务号的模板消息任务主要包括 3 个环节：①选择要使用的模板，并填写模板内容（包括内容介绍、跳转的页面或小程序）；②选择要推送的粉丝（全部推送或根据标签推送）；③选择推送的方式（立即推送、定时推送、行为触发推送）。图 5-23 显示了模板消息的创建与推送样式。

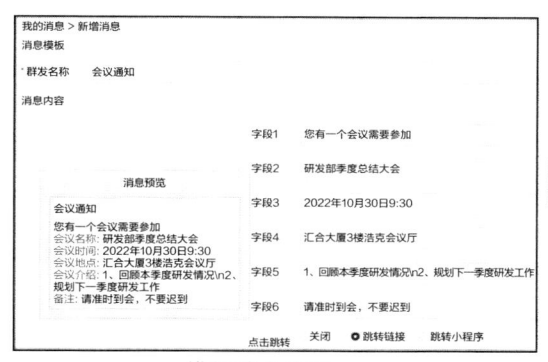

模板消息配置　　　　　　　　接收到的模板消息

图 5-23　模板消息的创建与推送

首先定义接口规范，从该场景的分析来看创建任务时需要传入的参数包括任务名称、模板的内容、要推送的粉丝、推送时间等信息。

- 请求 URL：/template/mission/create。
- 请求方式：POST。

请求参数示例如下：

```
{
    "missionName":"测试模板推送任务",
    "tags":"全部",
    "templateId":"zQPnTWXRJN886RFlR_YlgNEbSuAu5vklJCR8Db7PYow",
    "url":"https://cdpengine.cn/#/",
    "data":{
        "first":{
            "value":"恭喜你购买成功！",
            "color":"#173177"
        },
        "keyword1":{
            "value":"巧克力",
            "color":"#173177"
        },
        "keyword2":{
            "value":"39.8元",
            "color":"#173177"
        }
    },
    "miniprogram": {
        "Appid":"欢迎再次购买！",
        "pagepath":"#173177"
    }
}
```

请求参数说明如表 5-4 所示。

表 5-4　请求参数说明

参数名称	数据类型	必填	说明
missionName	String	Y	任务名称
tags	String	Y	标签
templateId	String	Y	模板 id

(续)

参数名称	数据类型	必填	说明
url	String	N	跳转 URL，非必填
data	String	Y	模板填充数据
first	String	Y	
value	String	Y	数值
color	String	Y	颜色
keyword1	String	Y	
value	String	Y	
color	String	Y	
miniprogram	Object	N	跳转小程序，非必填
Appid	String	N	小程序 id
pagepath	String	N	跳转路径

返回参数示例如下：

```
{
    "flag": true,
    "code": 1,
    "message": "查询成功",
    "data": {}
}
```

返回参数说明如表 5-5 所示。

表 5-5　返回参数说明

参数名称	数据类型	说明
flag	Boolean	返回状态标志位
code	Integer	返回状态码
message	String	返回查询信息
data	Object	返回对象

公众号模板消息的 API 是根据粉丝的 openid 进行推送的，这就意味着要推送给多少个粉丝就要调用多少次接口。当需要接收模板消息的粉丝量很大时（比如几万、几十万），需要开启多线程消息推

送任务。

在下面的逻辑处理中，首先根据标签查询到对应的粉丝 openId 明细，然后根据粉丝的数量决定每个线程分配的推送任务量，将粉丝 openId 明细和模板参数传入线程任务中执行推送任务。

```
// 根据要推送的标签，获取openid列表
if (templateSendDTO.getTags().equals("全部")) {
    openids = officialAccountMApper.getOpenidsByTag("");
} else {
    String tagId = officialAccountMapper.getTagId
        (templateSendDTO.getTags());
    openids = officialAccountMapper.getOpenidsByTag(tagId);
}

// 执行多线程消息推送任务
int totalRecords = openids.size();
int coreNum = Runtime.getRuntime().availableProcessors() *2;
// 每个线程分配任务量
int perThread = (int) (totalRecords / coreNum) + 1;
for (int i = 0; i < totalRecords; i++) {
    int startIndex = i * perThread;
    if (startIndex > totalRecords - 1) {
        break;
    }

    int endIndex = i * perThread + perThread;
    if (endIndex > totalRecords - 1) {
        endIndex = (int) (totalRecords);
    }
    String threadRange = startIndex + " -- " + endIndex;
    log.info(">>>>公众号模板消息-任务推送:" + threadRange);
    List<String> rangeIds = openids.subList(startIndex, endIndex);
    // 多线程消息推送任务
    threadPoolExecutor.execute(new AsyncFormworkTask(rangeIds,
        templateSendDTO, officialAccountClient,
        officialAccountMapper));
}
```

第 6 章 Chapter 6

小程序场景

在小程序的运营场景中,数据的分析和营销自动化起着关键作用。运营人员可以利用统计数据分析小程序的运营状况,比如活跃用户占比、用户和访问量、访客停留时间、不同时段活跃和不活跃用户数量等。这些数据能够帮助运营人员精准地把握用户特点,有针对性地实施营销策略。另外,运营人员可以通过营销自动化工具智能地实现用户分类管理,根据营销策略快速定制营销活动并实现自动化推送,更好地提高目标用户产品及服务的个性化定制程度。

6.1 用户管理

6.1.1 用户查询

小程序的场景和 App 有些类似,运营人员可以通过在代码中埋点获取到用户的行为数据，然后基于行为数据对用户进行深入分析。关于小程序用户的行为分析，企业可以自己开发工具、产品来实现更加个性化的需求，也可以基于小程序后台自带的 We 分析工具来实现，如图 6-1 所示。

图 6-1　小程序 We 分析后台

由于小程序支持开发者自定义埋点事件，因此所有进入小程序的用户基础数据（昵称、头像、openid、性别、访问时间等）都可以获取到。企业认证的小程序还有权限获取用户的手机号（需要用户授权同意）。如果用户在小程序中有过订单行为，企业还可以进一步获取用户的地理位置，如图 6-2 所示。

图 6-2　小程序用户列表页示意图

6.1.2 引流短链

引流短链也有很广泛的应用场景，例如首先生成企业微信活码，然后将活码放在小程序页面里，根据小程序的活码页面地址生成URL链接，并将该链接通过百度、抖音、头条、短信等渠道推送给用户。用户点击链接会自动唤起小程序页面，然后扫码添加客服人员的企业微信二维码，进而被引流到私域中。这种方式可快速引导用户进行添加微信、关注公众号、加群等操作，如图 6-3 所示。

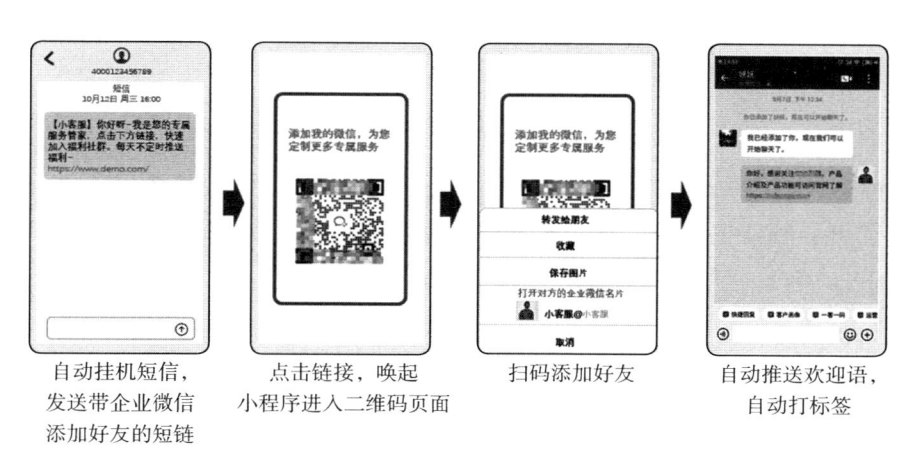

| 自动挂机短信，发送带企业微信添加好友的短链 | 点击链接，唤起小程序进入二维码页面 | 扫码添加好友 | 自动推送欢迎语，自动打标签 |

图 6-3 短链引流到小程序页面

- 直播平台：在抖音、快手等平台，通过评论回复、私信、个人简介等触点放置小程序短链，可以引导用户点击后直接跳转到微信小程序页面，扫码添加好友。
- 网站：在各种自媒体渠道、论坛、博客中通过文章、评论回复或回答问题等方式，附着引流短链，也可以引导用户点击链接跳转到企业微信好友的二维码落地页，主动扫码添加好友。

- 短信：用户通过点击推送附带链接的短信直接跳转到小程序落地页，然后扫码添加好友，转化链路短且高效。当然，通过短信触达也有一些弊端，一方面短信的打开率并不会很高，另一方面现在的智能手机都会自动屏蔽营销短信，大大影响了短信方式的触达率和引流短链的转化效果。

6.2 模板消息推送

小程序的模板消息推送在日常生活中有非常多的使用场景，比如下单后的取餐提醒、用餐评价、消息通知、优惠券领取提醒等。通过模板消息可以把用户引到小程序的落地页，促进用户活跃，引导用户消费。

用户在小程序内登录、点击按钮、下单或产生其他行为时会触发小程序的弹窗，要求获得用户授权。如图 6-4 所示，如果点击"允许"，那么该小程序可在微信"服务通知"中推送相应的模板消息。小程序的服务通知是一次性通知，即当次授权后只能通知一次，用户下次进入时

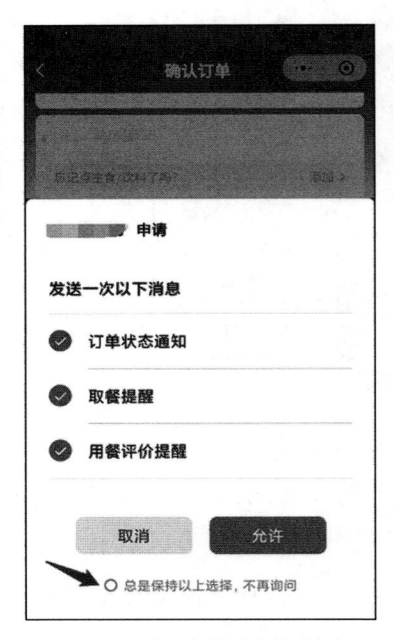

图 6-4　小程序弹窗授权请求示意图

小程序如果想要通知还得再次弹窗请求用户授权。如果用户勾选了"总是保持以上选择，不再询问"，则小程序可一直向用户推送模板消息。

基于小程序的模板消息功能可以做营销自动化推送。由于小程序和 App 类似，既可以采集用户的行为日志数据也可以采集用户的业务订单数据，因此小程序渠道的人群圈选和营销触达与 App 渠道的画像产品的人群包圈选类似，既可以基于用户行为 + 用户属性圈选人群包做离线消息推送（针对已授权允许发送消息、不再询问的用户），也可以基于用户的实时行为做自动化消息推送（详见 8.4.3 节案例）。

6.3 数据看板

数据看板包括小程序常用的数据指标及变化趋势，可以帮助企业快速了解小程序的数据现状。企业可以通过调用小程序的 API 将相关的数据或日志接入自己的数据库，然后在自建平台上开发相关功能，也可以登录小程序管理后台进入"We 分析"直接查看统计数据。

6.3.1 用户画像

小程序可调用接口获取画像数据，或通过小程序后台进入"We 分析"，查看用户的画像分布情况，包括性别、年龄、手机型号、省份、地市等维度，如图 6-5 所示。

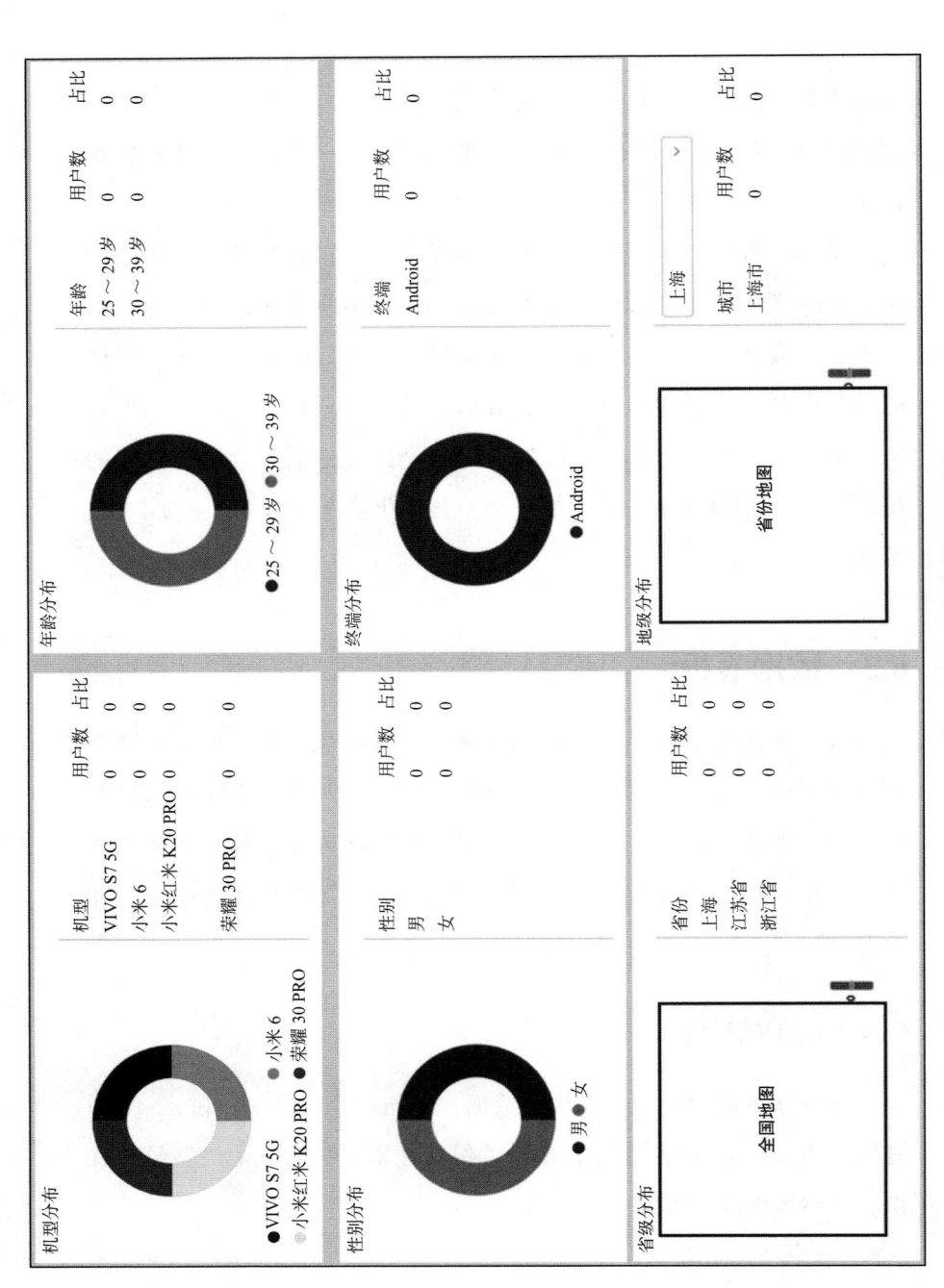

图 6-5 小程序用户的画像分布情况示意图

6.3.2 访问与留存

可登录小程序管理后台或通过 API 拉取数据的方式查看小程序用户的留存情况。如图 6-6～图 6-8 所示。

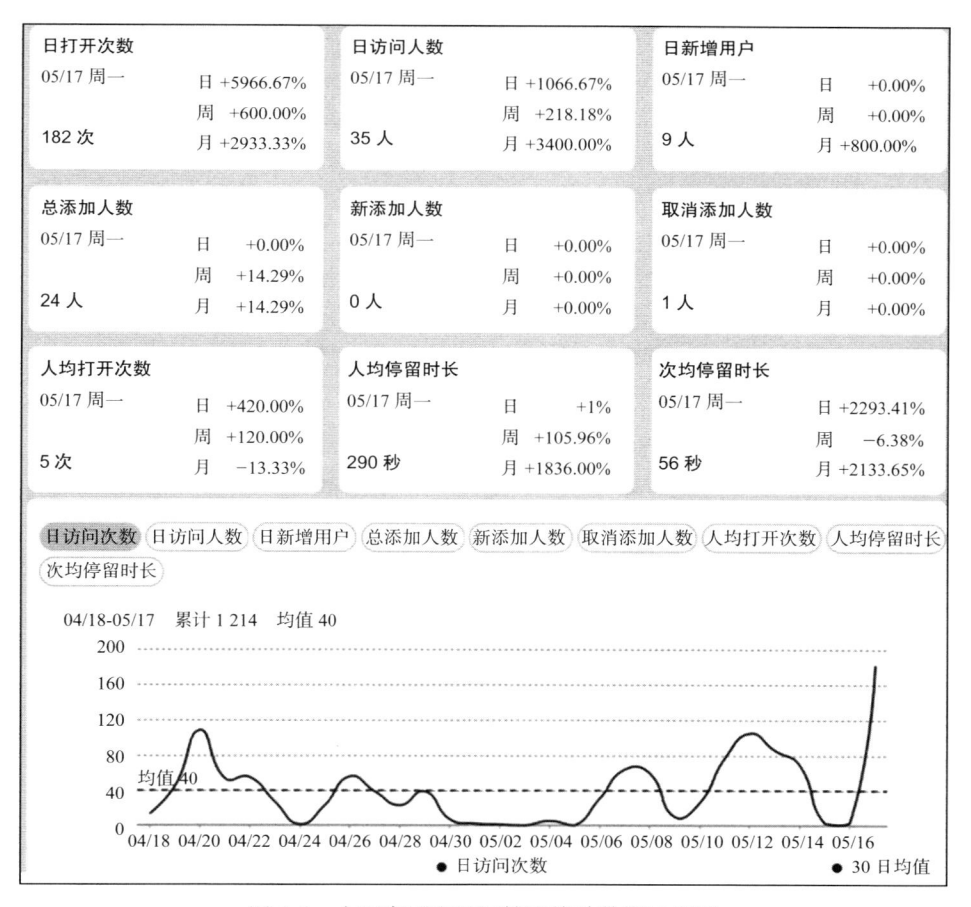

日打开次数	日访问人数	日新增用户
05/17 周一	05/17 周一	05/17 周一
日 +5966.67%	日 +1066.67%	日 +0.00%
周 +600.00%	周 +218.18%	周 +0.00%
182 次　月 +2933.33%	35 人　月 +3400.00%	9 人　月 +800.00%
总添加人数	新添加人数	取消添加人数
05/17 周一	05/17 周一	05/17 周一
日 +0.00%	日 +0.00%	日 +0.00%
周 +14.29%	周 +0.00%	周 +0.00%
24 人　月 +14.29%	0 人　月 +0.00%	1 人　月 +0.00%
人均打开次数	人均停留时长	次均停留时长
05/17 周一	05/17 周一	05/17 周一
日 +420.00%	日 +1%	日 +2293.41%
周 +120.00%	周 +105.96%	周 −6.38%
5 次　月 −13.33%	290 秒　月 +1836.00%	56 秒　月 +2133.65%

日访问次数　日访问人数　日新增用户　总添加人数　新添加人数　取消添加人数　人均打开次数　人均停留时长
次均停留时长

04/18-05/17　累计 1 214　均值 40

● 日访问次数　　　　● 30 日均值

图 6-6　小程序用户访问情况统计数据示意图

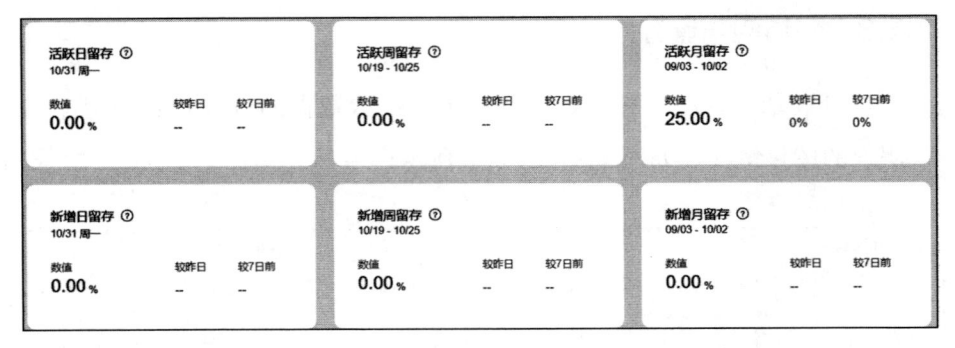

图 6-7 日、周、月留存统计示意图

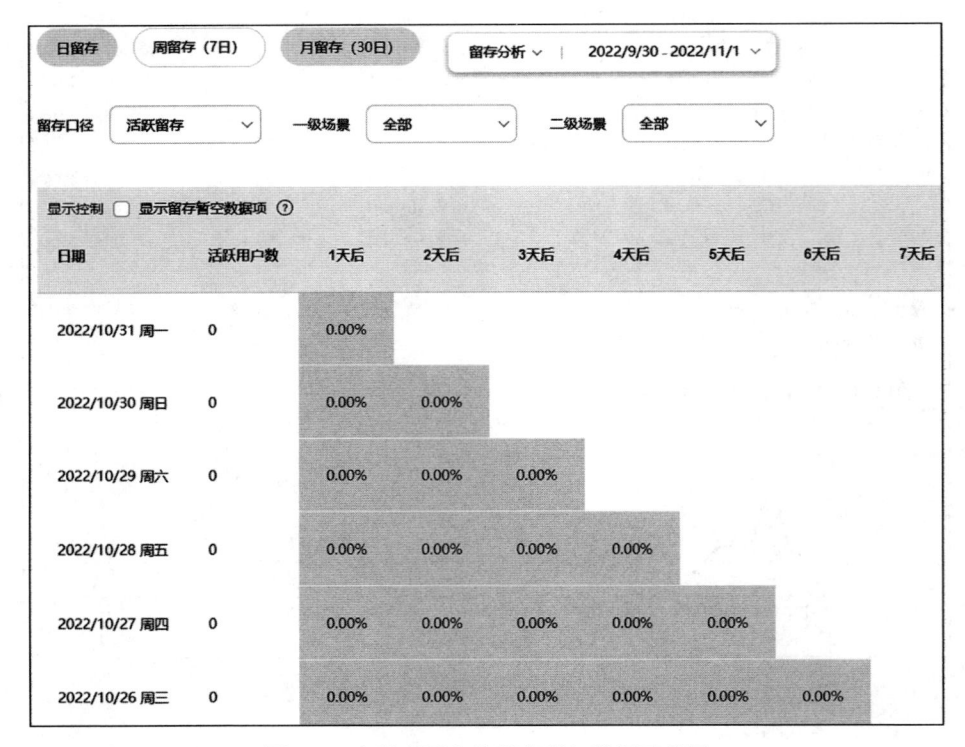

图 6-8 小程序用户的留存明细数据示意图

6.3.3 行为分析

在"We 分析"中集成了事件分析、漏斗分析、留存分析三个行为分析功能，如图 6-9 所示。企业可以按照文档的接入指引进行接入配置然后使用这些分析功能，也可以自行采集日志数据，然后开发行为分析产品。

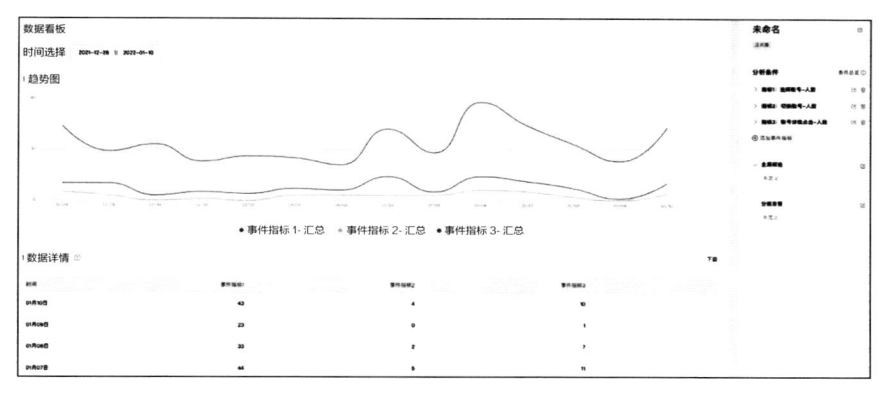

图 6-9　小程序用户事件分析示意图

6.4　功能应用开发示例

6.2 节介绍了小程序模板消息推送的功能场景，本节通过一个案例来介绍模板消息推送的具体实现细节。

模板消息是小程序触达用户的重要能力之一，通过用户自主订阅消息可以实现服务闭环，为用户提供更优的体验以及更好的营销触达。图 6-10 展示了用户从手机端接收消息通知到进入小程序的流程。

手机端收到 push 消息　　　　　　　进入服务通知查看模板消息

图 6-10　用户在手机端收到微信 push 消息示意图

小程序的消息通知多用在点餐、商城购物等消费场景中。例如用户在餐馆扫码使用小程序点餐，付完款后会收到点餐成功的消息通知，饭做好后会收到去柜台取餐的消息通知，在商城购买商品会收到货物发出的通知等。除了通知类消息，营销触达类消息也非常常见。比如在手机端收到优惠券到账的微信弹窗消息，从模板消息点进去到小程序的落地页领取优惠券然后进行消费。

这里我们通过一个案例来说明如何筛选小程序用户进行营销。

如前面介绍，在小程序中我们可以通过前端埋点采集到用户的行为日志，包括用户点过什么按钮、收藏、购买过什么商品等。基于日志数据，可以在管理后台上组合用户行为条件，筛选出对应的人群，然后选择要推送的模板消息，配置模板内容和跳转的落地页，最后配置消息的推送时间，设置在什么时间发送出去，如图 6-11 所示。

圈选目标人群

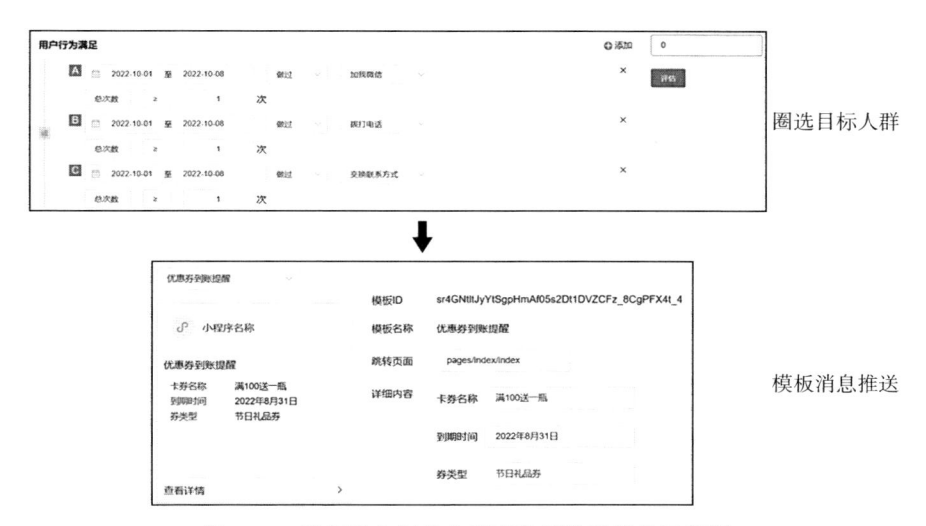

模板消息推送

图 6-11　管理后台创建小程序营销推送任务示意图

介绍完业务逻辑分析，下面进行功能开发实现。首先定义接口规范，创建小程序的人群营销任务，需要传入的参数主要包括：①人群圈选的规则条件；②推送的模板及配置参数；③任务的推送时间。

❑ 请求 URL：minipro/subscribe/send/create。

❑ 请求方式：POST。

请求参数示例如下：

```
{
    "id": 1,
    "missionName":"小程序模板消息任务名称",
    "missionRules":{
        "relationship":"or",
        "actDetails":[
            {
                "startDate":"2022-05-24",
                "endDate":"2022-05-28",
```

```
                    "actType":"!=",
                    "eventCode":"用户点击柜子3",
                    "num":2
                }
            ]
        },
        "userNum": 4,
        "sendType":0,
        "sendTime":"2022-05-27 22:38:05",
        "creator":"super",
        "createTime":"2022-05-27 22:38:05",
        "template_id": "TEMPLATE_ID",
        "page": "index",
        "data": {
            "number01": {
                "value": "339208499"
            },
            "date01": {
                "value": "2015年01月05日"
            },
            "site01": {
                "value": "TIT创意园"
            },
            "site02": {
                "value": "广州市新港中路397号"
            }
        }
    }
```

请求参数说明如表6-1所示。

表 6-1 请求参数说明

参数名称	数据类型	必填	说明
id	Integer	N	任务id
missionName	String	Y	任务名称
missionRules	Object		人群规则
relationship	String	Y	条件之间关系
actDetails	Object	Y	

（续）

参数名称	数据类型	必填	说明
startDate	String	Y	开始日期，YYYY-mm-dd
endDate	String	Y	结束日期
actType	String	Y	做过或未做过，取值为 = 或 !=
eventCode	String	Y	行为事件
num	Integer	Y	次数
userNum	Integer	Y	覆盖用户量
sendType	Integer	Y	推送类型，0 表示立即推送，1 表示定时推送
sendTime	String	Y	推送时间
creator	String	Y	创建人
createTime	String	Y	创建时间
template_id	String	Y	订阅模板 id
page	String	N	点击模板卡片后的跳转页面，仅限本小程序内的页面，支持带参数，如 index?foo=bar
data	Object		小程序模板里面的参数
number01	Object		
value	String	Y	
date01	Object		
value	String	Y	
site01	Object		
value	String	Y	
site02	Object		
value	String	Y	

返回参数示例如下：

```
{
    "flag": true,
    "code": 200,
    "message": "查询成功",
    "data": ""
}
```

返回参数说明如表 6-2 所示。

表 6-2 返回参数说明

参数名称	数据类型	说明
flag	Boolean	返回状态标志位
code	Integer	返回状态码
message	String	消息信息
data	String	消息数据

工程开发层面的主要逻辑是基于人群规则计算出对应的用户 id 明细数据，然后对用户 id 执行多线程模板消息推送任务。

定义人群规则的数据结构，包括用户在什么时间范围有什么行为事件，行为事件发生的次数，以及行为规则之间的关系。比如定义近一个月有加购商品、下单，或者近一周登录过小程序的用户，将三个筛选条件作为数组传入 actRules，将三个条件之间"或"的关联关系传入 relationship 参数。

```
@Data
public class EventCalculateDTO {
    private actRules actRules;

    @Data
    public static class actRules {
        private String relationship;         // 行为规则之间的关系
        private List<actDetails> actDetails; // 行为事件
    }

    @Data
    public static class actDetails {
        private String startDate;  // 开始日期
        private String endDate;    // 结束日期
        private String actType;    // 做过 / 未做过
        private String eventCode;  // 行为事件
        private Integer num;       // 次数
    }
}
```

程序执行时，将 eventUserDetail 函数中基于人群包的规则条件解析成查询数据库的 SQL 语句，然后计算对应的用户 id 明细数据存入 List 数据中并返回。后续将对数组中的 id 明细数据执行多线程模板消息推送任务。

```java
public List<String> eventUserDetail(EventCalculateDTO
    eventCalculateDTO) {
    EventCalculateDTO.actRules actRules = eventCalculateDTO.
        getActRules();
    String eventCalSql = "";
    if (actRules.getRelationship().equals("and")) {
        // 行为规则之间是"且"的关系
        int i=1;
        List<String> sqlArray = new ArrayList<>();
        for (EventCalculateDTO.actDetails rule : actRules.
            getActDetails()) {
            String sqlDetail = "根据参数拼接查询条件"
            sqlArray.add(sqlDetail);
            i+=1;
        }
        eventCalSql = "select distinct t1.openid from " +
            String.join(" inner join ", sqlArray);
    } else {
        // 行为规则之间是"或"的关系
        List<String> sqlArray = new ArrayList<>();
        for (EventCalculateDTO.actDetails rule : actRules.
            getActDetails()) {
            String sqlDetail = "根据参数拼接查询条件"
            sqlArray.add(sqlDetail);
        }
        eventCalSql = "select distinct t.openid  from(" +
            String.join(" union all ", sqlArray) + " ) t ";
    }
    log.info(">>> 行为规则 SQL:" + eventCalSql);
    return miniProgramMApper.eventUserDetail(eventCalSql);
}
```

Chapter 7 第 7 章

其他渠道场景

本章介绍抖音、小鹅通等其他渠道可集成到客户数据平台中的功能。

7.1 抖音渠道

抖音的账号不能直接与微信生态的账号打通。虽然抖音支持微信账号登录，但是它开放的 API 是不带微信账号的。一般把抖音粉丝引流到私域时，平台会通过私信、发送短信的方式回复链接，需要粉丝点击链接后跳转到小程序的企业微信二维码页面，通过扫描二维码引流到私域。

7.1.1 粉丝 / 关注者列表

通过抖音的开放 API 可以获取粉丝数据，如图 7-1 所示，包括头像/用户名称、关系、操作等。但该 API 可以查询的粉丝数上限是 5000。

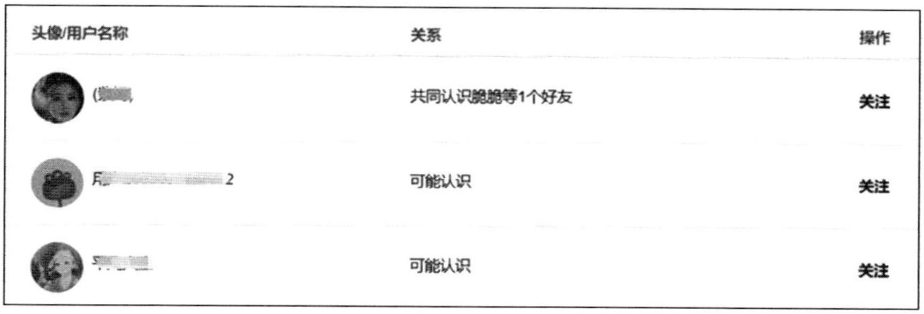

图 7-1 抖音粉丝列表

与粉丝列表能拿到的数据一样，关注者列表页可以获取到关注者的数据，如图 7-2 所示，包括头像/用户名称、签名、操作等。

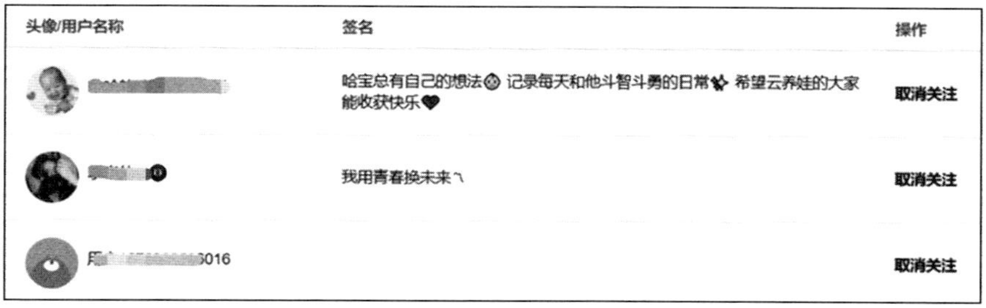

图 7-2 抖音关注列表

7.1.2 内容管理

基于抖音开放平台提供的 API 我们可以在视频、评论互动、回复私信消息等方面进行内容管理。

1. 视频管理

查询授权账号下视频的播放、点赞、分享等转化效果数据。一般适用于矩阵账号的管理与维护。如果企业只有一两个抖音账号，而且视频并不多，那么该API带来的效果也有限。

2. 评论互动管理

这里的评论包括查看评论、查看评论的回复消息、回复视频的评论。评论互动管理同样适用于管理多账号的情况。如果企业的抖音账号和评论消息本身并不多，那么把这个功能集成到客户数据平台带来的实用价值并不高。

3. 回复私信消息（仅对认证的企业号支持）管理

抖音作为目前直播带货的大平台，需要处理的咨询和售后问题会很多。对于带货量大的账号或矩阵号主，需要使用第三方管理工具来单独承接咨询方法的功能。基于抖音开放的API主要可实现两方面的功能。

（1）自动回复消息

粉丝通过抖音号主页进入客服聊天功能时，平台可自动推送一条消息将常见问题以关键词的形式罗列汇总，当用户回复关键词时，平台将自动推送该问题对应的解决方案。这种形式和公众号的消息自动回复类似。

（2）矩阵号的聚合管理

同一个品牌或企业可能会同时运营多个账号，如果这些账号每天粉丝咨询量都很大，那么客服人员可能需要来回切换不同账号进行回复。通过抖音开放的 API 把这些账号的私信功能同时聚合到一个管理后台进行维护，客服人员登录一个平台就可以管理多个账号的私信。

7.1.3 数据看板

基于抖音数据开放服务提供的 API 能力，可以获取用户、视频、粉丝画像等几类数据。

1. 用户数据

查看用户近 n 日的新增粉丝、视频播放、评论、点赞、用户主页访问人数等数据。

2. 视频数据

获取视频的播放、点赞、评论、分享等维度的统计数据。

3. 粉丝画像数据

获取账号粉丝的年龄段分布、性别分布、手机设备分布、地域分布、兴趣分布、来源渠道、喜好等维度的统计数据。

通过上述介绍我们可以看出，抖音渠道的用户数据不能直接与其他第三方平台打通，也无法支持一些营销自动化的功能。抖音渠道可以集成到客户数据平台的功能主要是通过数据看板查看账号的各维度数据，或者对于多账号的企业，集成私信管理功能，便于客服人员回复消息。

7.2 小鹅通渠道

小鹅通作为知识管理平台与微信生态集成得很好，它可以将通过微信在小鹅通平台进行访问、注册、下单的用户的账号和微信用户的账号打通，获取用户行为的全貌。小鹅通开放的 API 可支持用户场景、商品 / 订购关系场景、积分信息场景、数据管理场景等的应用。

7.2.1 用户数据

如上所述，小鹅通的用户可以和微信用户打通，如图 7-3 所示，但前提是企业需要把公众号授权给小鹅通，并且把授权的公众号绑定到微信开放平台下。只有这样，通过小鹅通的接口、消息推送收到的用户数据中才会包含 union_id。

图 7-3　集成小鹅通用户数据示意图

通过小鹅通开放的 API 可获取的用户数据字段信息如表 7-1 所示。

表 7-1　通过小鹅通开放的 API 可获取的用户数据字段信息

序号	字段	字段名称	序号	字段	字段名称
1	wx_union_id	微信 union_id	2	wx_open_id	微信 open_id

（续）

序号	字段	字段名称	序号	字段	字段名称
3	wx_email	微信邮箱	11	phone	手机号码
4	nickname	昵称	12	birth	生日
5	name	真实姓名	13	address	地址
6	avatar	压缩后的头像	14	company	公司
7	gender	性别	15	is_seal	用户状态
8	city	城市	16	job	职位
9	province	省份	17	phone_collect	信息采集手机号
10	country	国家	18	created_at	创建时间

7.2.2 订单数据管理

通过开放 API，平台可一次性拉取账号的历史订单数据，通过消息推送（用户触发某些操作后，小鹅通会 POST 消息数据包到对应的 URL 上）实时接入用户的订单数据。将订单和用户进行关联，可看到用户在什么时间、用什么渠道、购买过什么商品、购买过多少件、付款金额多少等信息，如图 7-4 所示。

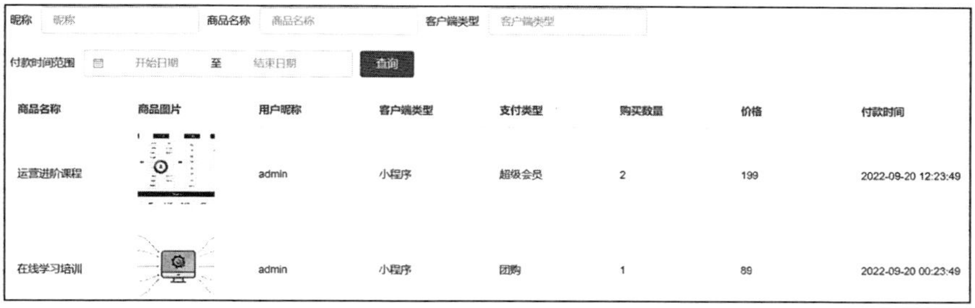

图 7-4　集成小鹅通订单数据示意图

通过小鹅通订单 API 可获取的订单数据字段信息如表 7-2 所示。

表 7-2　通过小鹅通订单 API 可获取的订单数据字段信息

序号	字段	字段名称	序号	字段	字段名称
1	user_id	用户 id	9	svip_id	超级会员 id
2	auto_tags	自动标签	10	svip_identity_type	超级会员类型
3	app_id	店铺 id	11	svip_start_time	超级会员开始时间
4	bought_products	购买商品记录（商品 id、订单 id、商品价格、购买时间等）	12	svip_end_time	超级会员结束时间
5	pay_money	消费总金额	13	collection_phone	采集手机号
6	buy_times	购买次数	14	phone	手机号
7	first_pay_time	首次支付时间	15	user_created_at	用户创建时间
8	lastest_pay_time	最后购买时间	16		

集成小鹅通渠道的数据到客户数据平台可用在两个场景：①单用户画像查看，②营销自动化推送。

1. 单用户画像查看

当小鹅通上已付费的用户在添加员工企业微信后，员工可在微信的聊天侧边栏看到用户的画像信息，包括购买过哪些课程、是否 VIP 用户、什么时候课程/VIP 会员到期等信息。这样客服人员与用户进行一对一沟通时将更有针对性。

2. 营销自动化推送

在用户购买的课程或 VIP 会员到期前，平台可自动推送短信或微信私信，通知他续费充值。或者有新上课程时，平台可自动推送消息通知，给老客户优惠价格。

第 8 章　Chapter 8

营销自动化工具

营销自动化（Marketing Automation，MA）工具可协助企业处理客户数据，根据客户行为偏好和营销策略，对每个客户自动推送个性化的营销文案。

8.1　营销自动化工具的应用场景

营销自动化工具最早可追溯到 1992 年美国麻省的几个营销分析师创立的 Unica（在 2010 年被 IBM 收购），以及 2000 年前后出现的 Eloqua（Oracle 旗下产品）、Marketo（Adobe 旗下产品）、Pardot（Salesforce 旗下产品）、Hubspot 等一系列沿用至今的产品。

营销自动化工具可以对企业的工作流程和营销任务进行自动化处理，使其高效运转，旨在通过营销流程取得需要的营销结果。

通过营销自动化工具，业务人员可以摆脱手动创建不同任务的重复性工作，更专注于目标的制定、人群的选择、策略的推送、内容的推送、效果数据的回收分析等工作。

8.1.1 多触达渠道

由于企业的客户会分散在不同的渠道，这些渠道中的客户可能会重合，也可能不重合（如客户 A 在该企业的天猫、公众号、企业微信渠道，客户 B 只在天猫渠道），因此我们使用营销自动化工具肯定是希望多渠道触达，这样才能通过营销自动化模板管理所有渠道的客户旅程。

8.1.2 配置化的营销模板

在客户数据平台的营销管理中，企业需要对不同渠道的客户用不同的触达方式进行营销，因此平台需要支持将不同的组件拖曳到画布中即可完成营销模板的配置。例如 Oracle Responsys 产品（跨渠道营销活动管理平台）可以支持拖曳不同的组件模块到画布中完成营销流程的配置，如图 8-1 所示。在左侧组件栏可以选择营销流程中包含的组件，直接将它拖入右边的画布中，在画布中选择组件可在右侧的参数栏配置组件的参数信息，如图 8-2 所示。

按照这个步骤，可以将所有需要的组件拖入画布中配置成营销流程，经过设计、测试、发布等环节，最后分析该营销流程的效果数据。

第8章 营销自动化工具 ❖ 215

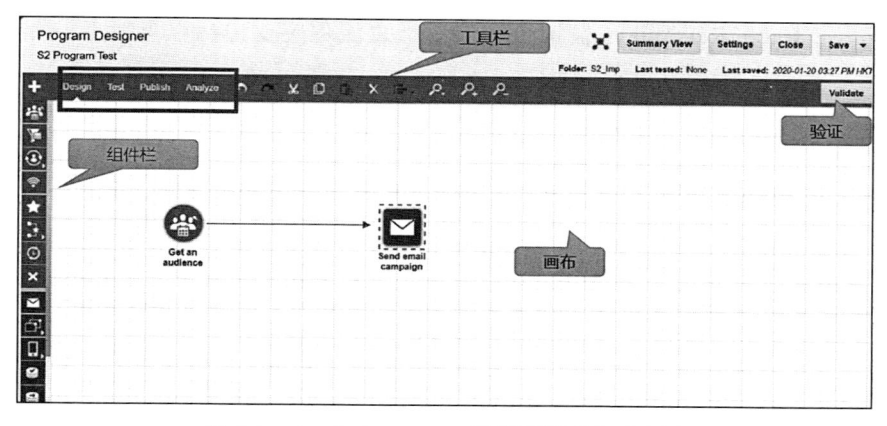

图 8-1 Oracle Responsys 流程引擎画布示意图

图 8-2 组件配置信息示意图

Oracle Responsys 营销自动化的配置流程主要包括以下特点：

- 左边的组件栏是所有的可选节点，包括人群选择、过滤条件、判断条件、时间延迟、推送渠道等。
- 将左边组件栏的各个组件拖入中间的画布中，按业务需要配置流程。
- 对于每个组件，可在右侧的参数栏配置参数信息。如对于 When（时间）组件可配置任务的开始时间、重复周期、备注描述等信息。

这种拖曳不同组件到画布中，配置组件参数和连接流程即可完成营销模板创建的方式给业务人员带来了很大的便利。一方面业务人员可以随时根据自己的需求修改营销流程，不再需要开发人员的介入，只需要编辑流程画布即可；另一方面各流程组件之间的解耦，使得业务人员只需要关注其想实现的业务流程，而不再需要关注背后的实现逻辑。

国外的营销自动化工具主要还是偏向于邮件、短信渠道，国内的邮件打开率并不高，主要的营销渠道还是短信、App、社交媒体（微信、公众号、小程序）等。所以在借鉴国外优秀产品思路时，还需要进行改良和适配本土行情，做出适配国内营销场景的营销自动化工具。

8.1.3　各渠道的营销触达方式总结

为什么这里单独用一节去总结各平台的触达方式呢？这是因为除了 App 这种自研产品有较高的触达权限，像企业微信、公众号、小程序、抖音这类第三方平台只有在它们授权的规则下（即开放的 API 文档）才能有选择、有限制地去运营、触达分散这些平台上的用户。所以需要搞清楚第三方平台有哪些触达渠道是可用的。各平台营销触达方式总结如表 8-1 所示。

表 8-1 各平台营销触达方式总结

渠道类型	触达方式	备注
企业微信	一对一私聊	客服可以直接与微信用户沟通，也可以通过营销自动化工具向客户推送匹配的内容
	群聊	可以直接群聊，也可以通过营销自动化工具推送合适的内容到匹配的群组
	朋友圈	可以按客户标签不同分组展示朋友圈内容
公众号	消息回复	用户关注公众号，或发送关键词时回复的消息
	消息群发	订阅号、服务号均可以群发消息
	模板消息	只有服务号才可以发送模板消息
小程序	模板消息通知	对允许小程序发送模板消息通知的用户推送模板消息通知，如优惠券、红包等吸引用户进入下单
抖音	留言回复	可设置自动回复的格式，当有用户留言时自动回复消息
	私信（企业认证号）	抖音企业号认证后可以发送用户私信消息
App	push 消息	可在手机端唤醒用户进入 App 内
	电话	客服人员维护客情关系
	站内信	个性化内容
	弹窗	个性化内容
	广告位	个性化内容
短信	短信	发送消息通知，例如验证码、参会提醒、企业微信员工活码的链接等

8.2 工具实现的技术方案

前文提到，营销自动化工具先由国外提出，后逐渐引入国内，实现本土化落地应用。本节主要介绍国外的营销自动化工具有哪些功能、服务哪些场景，以及在国内场景下如何落地。

8.2.1 Oracle Eloqua 产品

Oracle Eloqua 是面向 B2B 领域的营销自动化工具，用于帮助业务人员线索孵化、管理营销活动。通过官网上的产品介绍，可以了解其产品理念。

首先，我们了解一下营销自动化的两个概念。

- 触发器：客户与企业产品互动并表现出兴趣的行为，比如从官网下载了白皮书、参加了一场线上峰会、关注了企业的公众号等。
- 操作：企业的系统对客户这些行为做出的自动化响应。

可以看出，营销自动化的工作流由触发器和操作构成，基于客户行为，自动为客户提供高度相关的跟进内容和服务，激发客户兴趣，让他沿着营销漏斗不断向下转化。

基于 Oracle Eloqua 的一个完整营销流程包括以下内容：

1）通过在 KOL 曝光提高产品知名度，利用网站、博客、社交平台等进行内容营销，吸引潜在客户和现有客户。

2）多渠道（包括电子邮件、短信、线上活动、社交媒体等）与客户进行互动，进一步获取完善的客户数据。

3）通过数据治理来给客户打标签并对客户进行分层。

4）使用客户标签、客户分层来创建个性化的营销信息，确保信息和受众客户高度相关。

5）基于营销自动化工具，在合适的时间，通过合适的渠道向目标客户推送与其相关的营销内容。这个环节是重点部分，核心是基于客户旅程（包括认知、意向、决策、购后）来构建营销工作流。换句话说，需要为每一个阶段的客户解决他们的问题，从而吸引他们的注意力，引导他们向营销漏斗的下部转化。

6）通过数据分析营销效果。

7）持续调整，优化营销活动。

Oracle Eloqua 为上述完整流程提供了相应的功能模块以实现技术支持。

（1）销售线索管理

自动对获取的客户线索评分，并将优质线索提供给销售人员。关于线索自动评分，Oracle 官网上并没有进行详细介绍，但国内 B2B 类似的产品一般会根据线索来源对客户进行打分，比如从官网关注公众号的打 10 分，引导他注册表单并留资的打 10 分，引导下载白皮书、参加线上展会的打 10 分等。通过分数以及客户的行为来了解线索的质量。

（2）细分和定位

统一多渠道的用户行为，根据用户的属性、兴趣等画像信息来精准定位客户，并对客户进行分层管理。

（3）内容资产管理

业务人员通过设计编辑器即可创建电子邮件、表单、落地页等内容素材，无须编写代码。

（4）营销活动编排

在客户旅程的不同阶段根据客户实时活动创建能够吸引他们的

营销内容。营销引擎可以根据客户旅程中的突发事件做出判断和调整，为客户推荐他们更感兴趣的内容。

（5）营销效果评估

通过营销报表可追踪、评估营销活动的业务影响，该营销报表可以灵活配置生成。

8.2.2 Hubspot产品

Hubspot 是 2006 年在美国成立的一家 B2B 领域 SaaS 公司，拥有 Marketing Hub、Service Hub、Sales Hub、CMS Hub、Operations Hub 5 条产品线，提供了市场营销、客户服务、销售管理、内容管理、营销自动化方面的功能，共同实现集客营销（Inbound Marketing，将网站设计、社交媒体、邮件集成于一体）的全流程服务，如图 8-3 所示。

图 8-3　Hubspot 产品线 logo 示意图

（1）Marketing Hub（市场营销）

管理、跟踪潜在客户，获取线索建立联系人画像，进行任务管理。可用于扩展和培育流量池。

（2）Service Hub（客户服务）

与客户建立联系，以超出客户的期望促使更多客户转化为品牌拥护者。解决客户问题，产生积极的口碑。

（3）Sales Hub（销售管理）

深入洞察潜在客户的兴趣行为，自动执行各类销售任务，跟踪交易进展，将销售线索转化为客户。

（4）CMS Hub（内容管理/快速建站）

内容管理平台，开发人员可使用灵活的主题和内容构建网站，营销人员可轻松地编辑和创建落地页，并管理创建的内容素材。

（5）Operations Hub（营销自动化）

多种营销组件、自动化工具、数据分析功能，可通过拖曳配置的方式快速创建内容，将目标流量引流到关键落地页，将访客转化为销售线索。

通过阅读该产品的官方文档和应用案例可以看出，Hubspot 的主要功能围绕获客、线索管理、客户服务、内容素材管理和营销自动化这 5 个流程展开，很多内容和客户数据平台的功能逻辑很相似。其中营销自动化功能是产品亮点，通过将组件拖曳到画布中进行流程的配置，将可标准化的人工操作配置为自动化营销流程，既能提升客户体验也能提高业务人员的工作效率。

8.2.3 设计自动化产品的场景方案

与国外常用的邮件、短信渠道不同，国内打开率更高的是微信、短信、push 等渠道，因此营销自动化工具的使用场景主要围绕这些渠道展开。

要设计自动化产品的场景方案，主要需要考虑在什么渠道、什么场景下给用户推送什么样的内容来做营销触达。

比如针对公众号渠道的一个场景：对 B2B 企业来说，某粉丝通过参加线上峰会活动或阅读公众号文章新关注了公众号，在公众号的菜单栏浏览了官网、产品服务、历史文章等子菜单的内容，说明他可能会对企业的产品有兴趣，这时可自动向其推送一条图文消息（对订阅号而言）或模板消息（对服务号而言），邀请用户填写表单留资后，给他提供产品的试用账号。

比如针对小程序的一个场景：对于使用小程序购买商品的用户，在用户加购商品未付款退出的时候，可向用户自动推送优惠券到账的模板消息通知，用户点击模板消息后会自动跳转到领取优惠券的小程序页面，鼓励用户下单。

再比如针对小程序和公众号联动的一个场景：用户访问了 B2B 企业的小程序，在上面浏览过官网、产品介绍、客户案例等模块，可延迟 10min 在公众号中自动向该用户推送一条模板消息，邀请用户填写表单留资、体验产品。通过打通公众号和小程序的用户账号，可以针对用户在不同渠道的行为做联动的营销触达。

总结来说，针对不同渠道的特点（包括触达方式、可采集的行为数据、是否打通账号体系）可以设计不同的场景方案，更多案例将在 8.4 节中介绍。

8.2.4　开源流程引擎 LiteFlow

在营销自动化场景中，运营人员需要对接各组件模块、判断条件、执行操作等，尤其是需要将这些内容进行可配置化编辑，保存成一个个营销模板，在这种情况下使用流程引擎是一个很好的方案。

通过流程引擎可以解耦业务代码，专注流程的规则配置、判断、执行操作。

流程引擎的开源框架有很多，如 compileflow、LiteFlow、OsworkFlow、Flowable、Activiti 等，本书采用国产的开源框架 LiteFlow 进行演示说明。LiteFlow 的说明文档可在地址 https://liteflow.yomahub.com/ 上查看。

LiteFlow 是用 Java 语言写的，广泛支持 Spring Boot、Spring 及其他 Java 框架。它适用于拥有复杂逻辑的业务，如下单流程、价格引擎、营销自动化等。这些业务一般有很多步骤，每个步骤可以按业务粒度拆分成一个个组件，按照需要进行装配复用。LiteFlow 只适用于逻辑的流转，不做基于角色任务的流转（如审批流程）。如果做基于角色任务的流转，可使用 Activiti、Flowable 框架。

通过流程引擎可以把业务逻辑和流程规则解耦，使整个流程具有较高的灵活度，避免了牵一发而动全身的情况。在介绍 LiteFlow 的具体语法逻辑前，我们先介绍一下 LiteFlow 的设计原则（"工作台模式"），这个原则的思路很棒，值得学习。

工作台模式是指 n 个工人围绕一个工作台工作，生产零件，最终组装成机器。每个工人只需要完成自己手中的工作，不需要知道其他工人的工作内容。每个工人生产需要的资料从工作台上取，生产完的资料也都放到工作台上。如果将这个模式映射到 LiteFlow 框架中，那么工人就是组件，工作台就是上下文，工人的位置顺序就是流程配置，这些工人构成的流水线就是创建的流程引擎。通过这种方式解耦组件，可满足根据不同场景灵活装配的需求。

下面介绍一下 LiteFlow 的工作模式。

在 Spring Boot 场景中，在 pom 文件引入依赖，即可从中央仓库自动下载。

```
<dependency>
    <groupId>com.yomahub</groupId>
    <artifactId>liteflow-spring-boot-starter</artifactId>
    <version>2.9.0</version>
</dependency>
```

下面从组件类型、流程语法和常用方法等方面来进行介绍。

1. 组件类型

LiteFlow 中的组件包括三种类型。

（1）普通组件

普通组件用于处理具体的业务逻辑，处理完逻辑后可根据结果对接选择组件或条件组件。普通组件节点需要继承 NodeComponent，可用于 THEN 和 WHEN 关键字中。

（2）选择组件

在实际业务中，我们往往需要通过动态的业务逻辑判断后续该执行哪一个业务节点，这样就引申出了选择组件。选择组件需要继承 NodeSwitchComponent，可用于 SWITCH 关键字中。

（3）条件组件

条件组件是选择组件的延伸，可根据返回的 true 或 false 值决定执行哪一个普通组件。条件组件需要继承 NodeIfComponent，可用于 IF 关键字中。

2. 流程语法

常见的工作流程大致可分为以下 4 种类型。

（1）串行工作

如图 8-4 所示，需要依次执行 a、b、c、d 四个组件，在 LiteFlow 中可以用 THEN 关键字进行编排。

```
<chain name="chain1">
    THEN(a, b, c, d);
</chain>
```

图 8-4　串行工作示意图

（2）并行工作

如图 8-5 所示，当任务需要并行执行 b、c、d 三个组件时，在 LiteFlow 中可以用 WHEN 关键字进行编排。

```
<chain name="chain1">
    THEN(
        a,
        WHEN(b, c, d),
        e
    );
</chain>
```

图 8-5　并行工作示意图

（3）选择判断

如图 8-6 所示，当任务需要根据组件 a 来选择执行 b、c、d 中的一个时，在 LiteFlow 中可以用 SWITCH 关键字进行编排。

```
<chain name="chain1">
    SWITCH(a).to(b, c, d);
</chain>
```

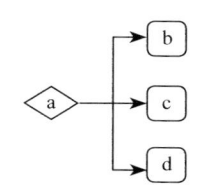

图 8-6　选择判断示意图

（4）条件判断

条件判断是选择判断的一个变种，选择判断是根据逻辑去选择多个子项中的一项，而条件判断只有真和假两个子项，在 LiteFlow 中可以用 IF 关键字进行编排。

```
<chain name="chain1">
    THEN(
        IF(x, a, b),
        c
    );
</chain>
```

该表达式的意思是 x 为条件节点，当 x 为真时，执行链路就是 x→a→c，当 x 为假时，执行链路就是 x→b→c，如图 8-7 所示。

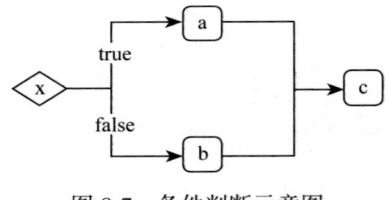

图 8-7 条件判断示意图

3. 常用方法

执行器执行流程时会分配唯一的一个数据槽给这个请求。不同请求的数据槽是完全隔离的。数据槽就是这个请求中的上下文，里面存放着此请求所有的数据。不同的组件之间是不传递参数的，所有的数据交互都是通过这个数据槽来实现的。LifeFlow 在上下文中的常用方法如下所示。

- ❏ getRequestId()：每一个链路在执行初期都会生成这个链路的唯一 ID，同时这个 ID 也会打印在日志中，方便追踪。该方法能得到链路追踪 ID。
- ❏ getRequestData()：获取链路的初始参数。

❑ getChainName()：获取链路的名称。
❑ getException()：得到链路中的异常信息，如果没有就为 null。
❑ getExecuteStepStr()：得到链路中的执行步骤信息。
❑ setData(K,V)：往数据槽中设置一个值。
❑ getData(K)：从数据槽中得到一个值。

基于上面介绍的流程配置方式和组件类型，读者可以对 LiteFlow 的工作方式有一个大致了解。在具体开发中需要将业务流程的定义转化成规则文件才能生效。

8.2.5　设计业务流程组件

营销自动化的流程组件按节点的类型可大致分为三类：执行控制模块、触发条件模块、营销触达模块，如图 8-8 所示。

图 8-8　营销自动化工具流程组件分类

1. 执行控制模块

用于串联起整个流程的组件，比如开始、结束、条件判断、等待等。下面介绍该模块下几个组件的功能示例。

- 开始：用于判断是否开启整个流程，在该模块中需要设定任务的执行时间。比如是定时任务一次性执行、周期性任务每天定时执行一次，还是实时消息类任务需要一直开启。如果当前时间不在任务执行时间内，则整个流程不会被开启，后续的任务也不会被执行，可在 8.3.1 节中了解工程实现的细节。
- 结束：用于结束整个流程任务。
- 条件判断：用于根据判断结果来执行不同的后续流程。例如业务人员需要在公众号推广一次线上的直播活动，判断当前用户是否绑定手机号，如果绑定手机号则推送短信，如果没绑定则推送公众号的模板消息。
- 等待：用于延迟一段时间（具体时长可自行配置）后执行下一个组件。例如当客户在小程序商城下单未付款时，等 2～3min 后他会在微信的"服务通知"中收到小程序推送的一条优惠券的模板消息。

2. 触发条件模块

触发条件模块包括两种场景：一种是离线的用户数据包，另一种是根据用户实时行为触发。基于规则条件选择出来的用户属于离线用户包，基于实时行为事件筛选出来的是刚有过某行为的用户，这两类不同的触发场景也分别对应不同的组件模块。下面介绍该模块下几个主要组件的功能示例。

- 微信好友：可根据性别、标签、添加渠道、添加时间、添加人、添加距今天数等字段筛选出符合条件的微信好友数据包，可在 8.3.2 节中了解工程实现的细节。

- 公众号粉丝：可根据标签、添加渠道、关注时间等字段筛选出符合条件的公众号粉丝数据包。

- 小程序用户：可根据性别、访问时间、行为事件等条件选项圈选出符合条件的小程序用户数据包。

- 微信事件：包括用户的添加、编辑、删除微信好友，进入群等行为事件。

- 公众号事件：包括关注、取消关注、扫描参数二维码、点击自定义菜单、上报地理位置等行为事件，这些行为事件会被推送到回调地址，被客户数据平台获取到。

- 小程序事件：产品经理或开发者可自定义需要采集的小程序行为事件，比如点击菜单、查看商品、提交订单、打开签到等，用户在小程序上的操作都可被事件日志记录下来并推送到接收日志的地址。

- 微信群：可根据执行推送任务的员工，选择他负责的微信群，用于员工定时推送消息到微信群中。

- 填写表单：既可以作为实时数据消费，如用户提交表单后给他推送公众号模板消息告诉他提交成功，可点击领取学习资料；也可以使用离线的人群包，如筛选出提交过某表单的用户，在活动开始前一起发送短信提醒。

根据触发条件可筛选出目标用户，以便后续的流程组件执行触达操作。

3. 营销触达模块

营销触达模块主要是为了将用户推送到不同的触达渠道，一般会按渠道划分为公众号消息、微信群消息、微信消息、服务通知、公众号模板消息、短信等。下面介绍这几个组件的功能示例。

- 公众号消息：包含公众号模板消息和群发消息两类，模板消息用于会议通知、活动邀请等有固定应用场景的情况，群发消息用于和粉丝沟通联系、产品介绍等情况。
- 微信群消息：推送消息到微信群。
- 微信消息：推送消息到微信用户或微信朋友圈，在 8.3.5 节有详细介绍。
- 服务通知：小程序的模板消息推送会在"服务通知"模块中展示。
- 公众号模板消息：模板消息用于会议通知、活动邀请等有固定应用场景的情况，无推送条数限制。
- 短信：通过短信渠道推送消息通知。

8.3　工程开发示例

不同的公司会有不同的技术选型和业务实现逻辑，本节主要介绍一种基于 Java 语言和开源的 LiteFlow 流程引擎工具实现营销自动化工具的可行方案，为研发人员提供一种实现思路。

8.3.1 初始条件判断

8.2.5 节介绍了营销自动化工具可以拆分成哪些流程组件，下面通过工程案例介绍一些重要的业务流程组件的具体处理逻辑。

开始组件一般配置在整个流程的第一个环节，作用是判断是否需要进入执行该流程的后续操作。按推送消息的类型不同，可分为实时消息和定时任务，如图 8-9 所示。

- 实时消息：像公众号关注、取消关注、点击菜单、用户在小程序上的行为、提交表单等操作都属于实时消息，基于实时消息可配置客户旅程来做进一步的转化。
- 定时任务：按业务规则条件提前圈定好人群包，到时间后自动执行推送任务，可进一步分为一次性任务和周期任务。

图 8-9　开始组件的配置条件示例

下面通过 Java 代码示例了解这个环节的实现逻辑。

初始节点根据槽位中的参数（slot.getId()）从数据库读取该流程的配置信息。对于定时任务，如果当前时间在执行时间范围内，则开启任务"this.setIsEnd(false)"，否则结束当前流程"this.setIsEnd(true)"。

```
@Slf4j
@LiteflowComponent(id = "startNode", name = "任务开始")
public class StartNode extends NodeComponent {
    @Autowired
    AutomationMapper automationMapper;

    @Override
    public void process() throws Exception {
        FlowExecutorDTO slot = this.getSlot().getRequestData();
        // 从 MySQL 读取已创建流程的配置信息
        JSONObject userRules = automationMapper.automationInfo
            (slot.getId());
        Gson gson0 = new GsonBuilder().disableHtmlEscaping().
            create();
        StartRules startRule = gson0.fromJson(userRules.
            getString("start_rules"), new TypeToken<StartRules>()
            {}.getType());
        String nowTime = DateUtils.getDateTime();
        Long nowTimeLong = DateUtils.stringToLong(nowTime);

        if (startRule.getRegularTime() != null) {
            // 一次性定时
            Long regularTimeLong = DateUtils.stringToLong
                (startRule.getRegularTime());
            if (nowTimeLong > regularTimeLong) {
                this.setIsEnd(true);
            }
        } else if (startRule.getRangeTime() != null) {
            // 时间范围内每天定时
            String rangeTimeEnd = startRule.getRangeTime().
                split(";")[1];
```

```
        Long rangeTimeEndLong = DateUtils.stringToLong
            (rangeTimeEnd);
        if (nowTimeLong > rangeTimeEndLong) {
            this.setIsEnd(true);
        }
    }

    this.setIsEnd(false);
    }
}
```

在上面代码中 startRule 是从数据库读取的关于开始节点的配置信息，通过 GSON 反序列化成对象。对象的数据结构如下所示。

```
@Data
public static class startRules {
    private String msgType;     // 消息类型, 定时任务 / 实时消息
    private String regularTime; // 一次性定时的时间
    private String rangeTime;   // 时间范围内每天定时, 如 2022-05-
                                   27;2022-10-27;22:33:25
}
```

8.3.2 微信用户圈选

微信用户圈选属于圈离线人群包，该节点的作用是根据引擎中该模块配置的人群包条件，查询出符合条件的用户对应的微信 userid，然后把这批 userid 放入槽位中，供后续流程使用。

在产品端，业务人员可根据性别、添加渠道、标签、添加时间、添加人等字段筛选符合条件的微信好友，如图 8-10 所示。在服务端，该组件会根据筛选条件拼接出 SQL 查询命令，查询到对应的微信用户 id 明细数据，并将明细数据存到上下文中，供后续流程使用。

图 8-10 微信好友组件配置信息示例

下面通过 Java 代码示例了解这个环节的实现逻辑。

```
@Slf4j
@LiteflowComponent(id = "wechatPersonSelect", name = "微信人群
    包筛选")
public class WechatPersonSelect extends NodeComponent {
    @Autowired
    WeCustomerMapper weCustomerMapper;
    @Autowired
    AutomationMapper automationMapper;

    @Override
    public void process() throws Exception {
        FlowExecutorDTO slot = this.getSlot().getRequestData();
        slot.setTypeInfo("微信");
```

```
JSONObject userRules = automationMapper.automationInfo
    (slot.getId());

Gson gson0 = new GsonBuilder().disableHtmlEscaping().
    create();
// 获取配置的微信人群包筛选条件
WechatPersonRules userRule = gson0.fromJson(userRules.
    getString("wechat_person_rules"), new
    TypeToken<WechatPersonRules>(){}.getType());

// 基于人群包条件，查询对应的微信 externalUserid
String sqlTags = "";              // 选择的标签
String sqlGender = "";            // 性别
String sqlAddTimeRange = "";      // 添加时间
List<String> sqlRule = new ArrayList<>();
if (userRule.getTags() != null) {
    if (!userRule.getTags().equals("")) {
        String[] tagList = userRule.getTags().
            split(",");
        List<String> requstParam = new ArrayList<>();
        for (String tag :tagList) {
            String info = " tag like '%" + tag + "%' ";
            requstParam.add(info);
        }
        sqlTags=" (" + String.join(" or ", requstParam)
            + ")";
        sqlRule.add(sqlTags);
    }
}

if (userRule.getGender() != null) {
    if (!userRule.getGender().equals("")) {
        sqlGender= " (gender='" + userRule.getGender()
            + "' )";
        sqlRule.add(sqlGender);
    }
}

if (userRule.getAddTimeRange() != null) {
```

```
            if (!userRule.getAddTimeRange().equals("")) {
                String startTime = userRule.getAddTimeRange().
                    split(";")[0];
                String endTime = userRule.getAddTimeRange().
                    split(";")[1];
                sqlAddTimeRange = " ( add_time>='"+startTime+"'
                    and add_time<='" + endTime+"' )";
                sqlRule.add(sqlAddTimeRange);
            }
        }

        String sqlRuleString = String.join(" and ", sqlRule);
        String sql = "SELECT distinct userid FROM userdetail_
            info WHERE " + sqlRuleString;
        // 把查询结果存到槽位中
        slot.setIds(weCustomerMapper.
            ruleExternalUseridDetail(sql));
    }
}
```

这段代码示例中主要做了三件事情：①从数据库读取当前流程配置的微信人群包的规则条件；②将微信人群包条件转化成 SQL 查询命令，查询到对应的微信 userid 明细数据；③将查询到的微信 userid 明细数据写入槽位中，供下一个组件调用。

8.3.3 公众号事件

根据公众号开放的 API 服务能力，开发者可以从公众号获取的消息包括普通消息和事件两种类型。

❑ 普通消息：当微信粉丝向公众号发消息时，微信服务器将 POST 消息 XML 数据包到开发者填写的地址。

❑ 事件：在微信粉丝和公众号产生交互过程中，粉丝的某些操作会使得微信服务器 POST 事件 XML 数据包到开发者填写的地址。这些事件包括：①关注或取消关注；②扫描带参数二维码；③上报地理位置；④点击自定义菜单拉取消息，点击菜单跳转。其中自定义菜单可配置每个子菜单项的 eventKey 值，通过解析 XML 数据包中的 eventKey 可以知道粉丝具体点击了哪一个菜单项。

基于粉丝与公众号交互的消息事件，如图 8-11 所示，可以给粉丝做进一步消息推送。通过多轮互动使粉丝深入了解企业的产品或服务，进一步增加粉丝黏性，甚至填表留资、注册转化。

图 8-11　公众号事件组件配置示意图

下面通过 Java 代码示例了解这个环节的实现逻辑。

```
@Slf4j
@LiteflowComponent(id = "wechatEventNode", name = " 微信行为事件 ")
public class WechatEventNode extends NodeComponent {
```

```java
@Autowired
AutomationMapper automationMapper;

// 筛选出符合微信事件的用户，放入 ids 列表中
@Override
public void process() throws Exception {
    FlowExecutorDTO slot = this.getSlot().getRequestData();
    slot.setTypeInfo(" 微信 ");
    slot.setIdType ("openid");    // 当前账号 id 是微信 openid
    JSONObject userRules = automationMapper.
        automationInfo(slot.getId());
    String eventName = userRules.getString("wechat_event");
    String messageEvent = slot.getMessage().get("Event");
    String openid = slot.getMessage().get("ExternalUserID");
    if (eventName.equals(messageEvent)) {
        List<String> ids = new ArrayList<>();
        ids.add(openid);
        slot.setIds(ids);
    }
}
```

在这段代码示例中，slot.getMessage() 用于获取公众号推送过来的事件数据，与当前流程中配置的筛选事件进行匹配。如果匹配成功，则把当前粉丝的 id 存入上下文（slot.setIds）。例如，业务人员配置了一个 SOP 流程，对关注公众号的粉丝在 2h 内分阶段推送 3 条消息，那么该组件就需要用 slot.getMessage("Event") 去判断当前接收的事件日志是否等于 subscribe。

8.3.4 表单提交事件

表单提交的应用分为两种场景：一种是在用户提交完表单后给他做实时消息推送，另一种是定时推送。例如，针对提交过表单报

名参加活动的用户，在活动开始前和结束后向他批量推送消息，如图 8-12 所示。

图 8-12　填写表单组件配置示意图

下面通过 Java 代码示例了解这个环节的实现逻辑。

```
@Slf4j
@LiteflowComponent(id = "formEventNode", name = "表单行为事件")
public class FormEventNode extends NodeComponent {
    @Autowired
    AutomationMapper automationMapper;

    // 筛选出表单用户的 openid，放入 ids 列表中
    @Override
    public void process() throws Exception {
        // 存手机号
        List<String> ids = new ArrayList<>();
        FlowExecutorDTO slot = this.getSlot().getRequestData();
        slot.setTypeInfo("表单");
```

```
JSONObject userRules = automationMapper.
    automationInfo(slot.getId());
Gson gson0 = new GsonBuilder().disableHtmlEscaping().
    create();
FormRules startRule = gson0.fromJson(userRules.
    getString("form_rules"), new TypeToken<FormRules>()
    {}.getType());

if (startRule.getMsgType().equals("实时消息")) {
    // 业务逻辑处理略
    slot.setIds(ids);
} else if (startRule.getMsgType().equals("定时任务")){
    // 业务逻辑处理略
    slot.setIds(ids);
}
}
```

这段代码示例首先通过 if 判断当前流程是"实时消息"还是"定时任务",然后进入对应的业务逻辑进行处理。

8.3.5 微信消息推送

微信消息推送属于营销触达类的组件,本质是配置推送给用户的内容。微信消息推送在个人触点上有一对一的消息推送和朋友圈推送两种方式。该组件可以配置推送的消息类型、消息内容和执行员工,如图 8-13 所示,作用是将上下文中存储的微信用户 id 通过微信渠道(消息或朋友圈的 API)推送消息(文字、图片、图文消息等)。

下面通过 Java 代码示例了解这个环节的实现逻辑。

根据槽位中的参数(slot.getId())从数据库查询该组件的配置信息,根据推送的类型(消息/朋友圈)来分别调用对应的微信接口。

图 8-13　微信消息组件配置示意图

```
@Slf4j
@LiteflowComponent(id = "wechatPersonNode", name = "微信个人消
    息推送")
public class WechatPersonNode extends NodeComponent {
    // 查询数据库，拿到流程的配置规则
    @Autowired
    AutomationMapper automationMapper;
    // 调微信 API
    @Autowired
    WechatClient wechatClient;

    // 本节点将按微信用户的 id 列表推送相应的消息
    @Override
    public void process() throws Exception {
        FlowExecutorDTO slot = this.getSlot().getRequestData();
        JSONObject userRules = automationMapper.automationInfo
            (slot.getId());
        Gson gson0 = new GsonBuilder().disableHtmlEscaping().
            create();
        WechatPersonSend sendObj = gson0.fromJson(userRules.
```

```
            getString("wechat_person_send"), new TypeToken
            <WechatPersonSend>(){}.getType());

    SOPCreateDTO SOPInfo = new SOPCreateDTO();
    SOPInfo.setSendType(sendObj.getSendType());
    SOPInfo.setMediaId(sendObj.getMediaId());
    SOPInfo.setMsgDetail(sendObj.getMsgDetail());
    SOPInfo.setResponsibleId(sendObj.getResponsibleId());
    switch (sendObj.getSendType()) {
        case "消息":
            MsgTemplateDTO sendInfo = msgConfigInfo(SOPInfo,
                slot.getIds(), "single");
            JSONObject obj1 = wechatClient.addMsgTemplate
                (sendInfo);
            log.info(">>> 推送Result:" + obj1);
            break;
        case "朋友圈":
            CircleOfFriendsDTO sendinfo = circleFriendsCo
                nfigDTO(SOPInfo);
            JSONObject obj2 =wechatClient.addMomentTask
                (sendinfo);
            log.info(">>> 推送Result:" + obj2);
            break;
        }
    }
}
```

8.3.6 条件判断

条件判断常用于根据当前节点的条件来决定后续执行什么流程。如图 8-14 所示，在粉丝触发某公众号事件后，根据是否有当前粉丝的手机号（判断条件）来决定是推送短信消息通知还是推送公众号的模板消息通知。

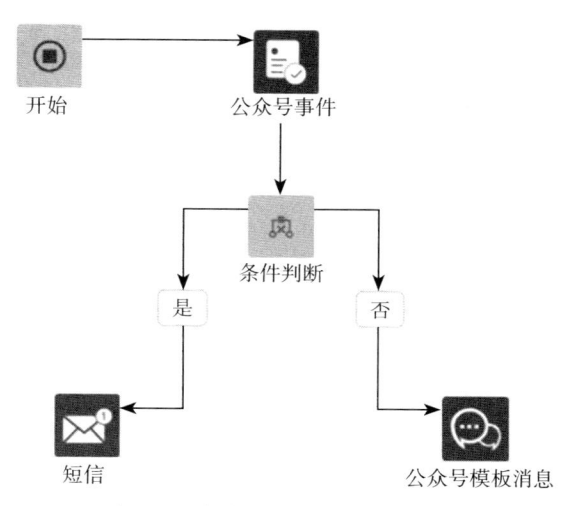

图 8-14　条件判断组件应用示意图

下面通过 Java 的代码示例了解这个环节的实现逻辑：

```java
@Slf4j
@LiteflowComponent(id = "judgeNode", name = "判断节点")
public class JudgeNode extends NodeIfComponent {
    @Autowired
    FormItemMapper formItemMapper;

    @Override
    public boolean processIf() throws Exception {
        FlowExecutorDTO slot = this.getSlot().getRequestData();

        boolean flag=false;
        // slot.getIdType() 获取当前账号是什么类型，如微信 id、公众号
            id、手机号等
        if (slot.getIdType() != null) {
            switch (slot.getIdType()) {
                case "externalUserid":    // 微信的外部联系人
                    for (String unionid : slot.getIds()) {
                        String sql =" 业务逻辑 ";
```

```java
                    String phoneid = formItemMapper.
                        shortMessageNode(sql);
                    if (phoneid != null) {
                        flag = true;
                        break;
                    }
                }
                break;
            case "openid":          // 公众号的 openid
                for (String unionid : slot.getIds()) {
                    String sql = " 业务逻辑 ";
                    if (formItemMapper.shortMessageNode(sql)
                        != null) {
                        flag = true;
                        break;
                    }
                }
                break;
            case "unionid":         // 公众号的 unionid
                for (String unionid : slot.getIds()) {
                    String sql =" 业务逻辑 ";
                    if (formItemMapper.shortMessageNode(sql)
                        != null) {
                        flag = true;
                        break;
                    }
                }
                break;
            case "phone":      // 手机号
                flag = true;
                break;
        }
    }

    // 返回判断的结果
    if (flag) {
        return true;
    } else {
        return false;
```

```
        }
    }
}
```

这段代码示例首先根据上下文获取当前的账号是什么类型（通过 slot.getIdType() 的返回值判断），然后根据不同的账号类型去查询数据库是否关联上手机号，如果关联上手机号则返回 true，否则返回 false。

图 8-14 的条件判断在 LiteFlow 语法中可写为"IF(judgeNode,shortMessageNode,accountFormworkNode)"，其中 judgeNode 是当前的判断组件，如果结果是 true 则执行短信组件（shortMessageNode），如果是 false 则执行模板消息组件（accountFormworkNode）。

8.3.7　流程引擎组装任务

上面几个小节分别介绍了流程引擎的相关模块，这里通过一个案例来了解如何组装营销自动化任务。

本案例选择了开始、微信好友、等待、微信消息、结束共五个组件，如图 8-15 所示。

在 LiteFlow 中用 THEN 语法把它们装配起来，代码示例如下：

```
@Resource
private FlowExecutor flowExecutor;

try {
    FlowExecutorDTO req = new FlowExecutorDTO();
    req.setId(2);
    LiteFlowChainELBuilder.createChain().setChainName("mission_
        test").setEL(
```

```
            "THEN(startNode, wechatPersonSelect, timeDelayNode,
                wechatPersonNode);"
    ).build();
    flowExecutor.execute2Resp("mission_test", req,
        FlowExecutorDTO.class);
} catch (Throwable t){
    t.printStackTrace();
}
```

在上面的代码中，req 是流程初始参数，也用于存储数据上下文。

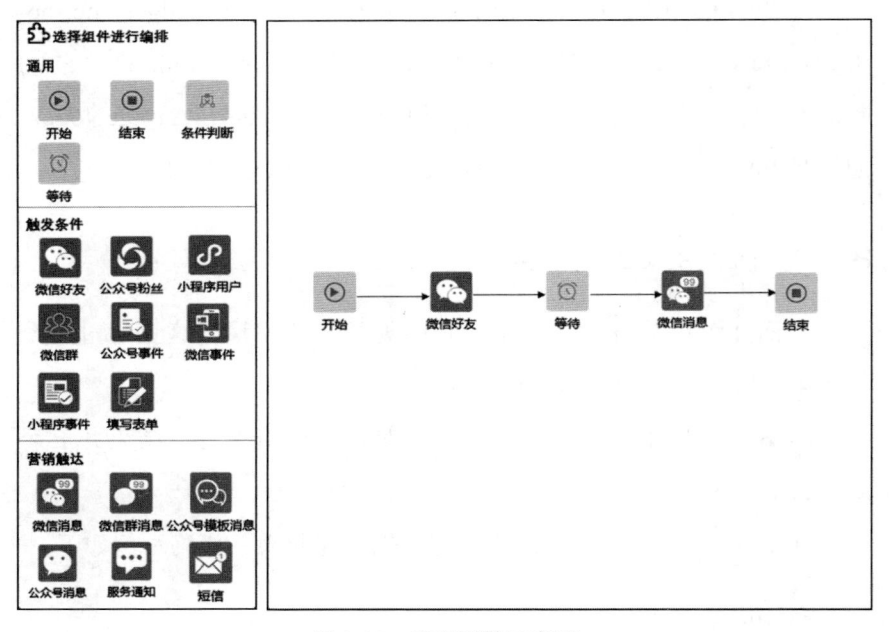

图 8-15　流程引擎示意图

数据上下文在 LiteFlow 框架中非常重要，因为每个组件只需要从数据上下文中获取自己需要的数据或把自己执行的结果数据存放到上下文，不需要关心数据是谁提供的，将会被谁使用。所有的业务组件之间不需要输入/输出参数,所有的业务数据都在数据上下文中流动,实现了各组件之间的解耦。

在本实例中,FlowExecutor 用于存放数据上下文的数据信息,主要包括任务 id、用户 id 数据、用户类型、实时消息等字段,如下所示:

```
@Data
public class FlowExecutorDTO {
    private Integer id;                        // 营销自动化任务 id
    private List<String> ids;                  // 用户列表
    private String typeInfo;                   // 用户类型,如微信、
                                               //   公众号、小程序
    private Map<String, String> message;       // 推送过来的实时消息
}
```

在执行过程时,初始节点(startNode)首先判断当前任务是否在执行周期内,如果在则执行微信用户圈选(wechatPersonSelect)节点,计算出符合规则条件的微信用户 id,存入数据上下文。继续执行延迟等待(timeDelayNode)节点,延迟 10s 后,给这批微信用户 id 发送微信消息(wechatPersonNode)。

本节通过对几个组件和装配一条规则流程的介绍,带着大家初步了解了如何基于开源的流程引擎实现营销自动化任务。其实在工程实践中还有很多细节需要处理。比如我们日常接收到的消息按推送时效来看可分为定时类消息和实时类消息两种,这两类消息与流程引擎集成的方式有所不同。定时类消息通过定时任务去进行检索,到时间点就推送出去,而实时类消息需要把回调数据或实时行为日志数据接入流程引擎中,根据引擎配置的规则模板来执行后续操作。

定时类消息一般是预先设定好任务，到时间点后自动推送。比如我购买了奶粉类快消品，在下单 3 个月后收到该奶粉旗舰店发来的优惠券邀请我再次购买。再比如我在某快餐店扫码点单消费的过程中，加入了他们的企业微信群，每天在群内可收到各类打折优惠的消息。

实时类消息一般是根据用户的实时行为进行自动化推送。比如我在微信小程序点了杯咖啡，但在支付环节退出了，过了 2min 该小程序会自动在微信的"服务通知"中弹出优惠券领取提醒的模板消息。再比如我在微信上填写表单报名参加一个线上活动，在提交表单后，我关注的公众号会给我推送一条模板消息，告诉我报名成功，点击该模板消息跳转到的链接地址可领取相关的资料。

8.4 在全渠道画像平台上的实现

营销自动化工具可以像乐高积木一样根据需要进行组装配置，业务运营人员也可以针对不同的场景配置不同的营销模板。比如针对企业微信运营场景、公众号运营场景、小程序运营场景、报名线上活动场景、快消品周期复购场景等都可配置对应的营销模板。

8.4.1 企业微信运营场景

企业微信运营场景中主要有三种触达方式，包括与客户单聊、朋友圈消息以及群消息。其中与客户单聊、朋友圈消息都属于业务人员和客户之间触达的方式。下面通过两个典型场景来详细介绍。

场景一：新客户培育

不论什么业务，新客户都不可能一上来就马上成交，基本都会经历一个从有兴趣到了解到信任最后到交易的过程，而让客户产生兴趣、想了解、愿意信任的前提都需要业务人员进行客户培育，持续做内容推送，从而唤起客户的兴趣和注意力。

此外，针对不同生命周期阶段的客户，需要差别化推送内容。

（1）提前编辑好推送内容

像编辑故事剧本一样提前准备好企业各阶段要推送的产品和服务内容，每个阶段的内容应多样化并贴合当下沟通交流的场景。

（2）选择推送客户

根据客户的添加时间（如添加1、2、3、5天后）或客户所在的生命周期选择出人群包，这样避免了客户之间的交叉，不会使编辑的内容文案成为一次性耗材，也不会重复打扰到客户。

（3）设置推送提醒

选择任务每天推送的时间，到时间后可自动发送微信推送通知，业务人员确认后即可把内容推送到客户微信上，对内容感兴趣的客户会回复消息进一步互动。这样通过内容的培育，就可以与客户建立起信任关系，如图8-16所示。

场景二：微信群消息推送

微信群消息推送一般都会有SOP流程，包括群规范、入群欢迎语、群自动回复、群内容输出等。针对C端卖货场景的微信群日常会不定时推送福利活动、新上产品等消息，如图8-17所示。将要营销推送的内容提前配置在自动化流程中，到时间后自动推送出去，如图 8-18 所示。

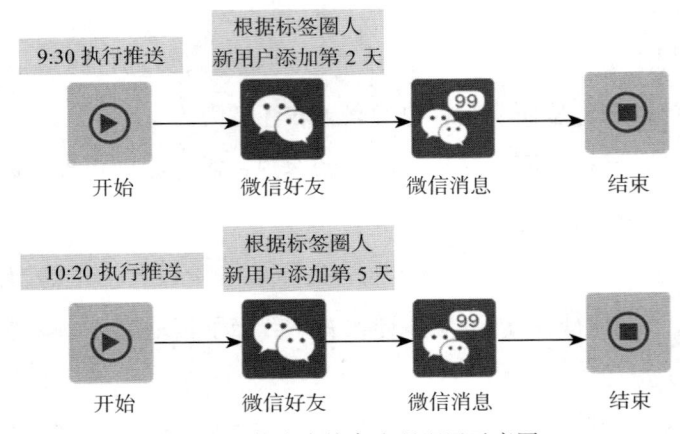

图 8-16　新客户培育流程配置示意图

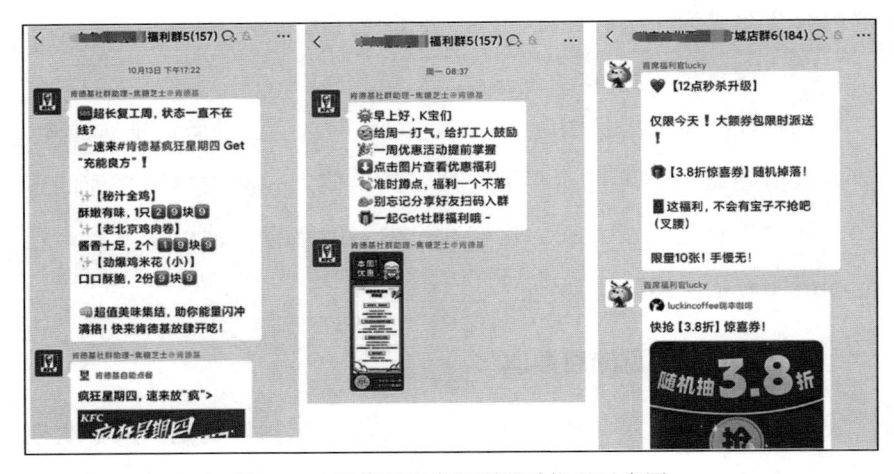

图 8-17　微信群日常福利活动推送示意图

图 8-18 微信群消息推送流程配置示意图

8.4.2 公众号运营场景

在公众号渠道可基于运营场景配置多种营销自动化模板，表 8-2 列举了一些常见的公众号营销自动化场景方案。

表 8-2 公众号营销自动化场景方案

场景名称	介绍
公众号新关注回复多轮内容	对新关注公众号的粉丝除了推送新关注回复外，还可以间隔一段时间，分批次推送多条消息
公众号关键词回复	粉丝在公众号回复关键词，获取对应的回复消息
与公众号互动推送表单	粉丝回复关键词或者点击菜单内容后，可向粉丝推送表单邀请填写留资
与公众号互动推送多轮消息／模板消息	粉丝回复关键词或者点击菜单内容后，可向粉丝推送多条消息进行互动
活动营销推送模板消息	举办线上线下活动时，可通过模板消息通知粉丝报名
提交表单推送模板消息	粉丝在线填写完表单后，服务号自动推送模板消息通知提交成功（模板消息可跳转到活动落地页）
访问小程序推送模板消息	粉丝访问小程序后，可通过模板消息发送通知（邀请填表留资试用产品、商品优惠券等类型消息），用于召回粉丝

下面通过四个场景进行详细介绍。

场景一：推送优质内容引导用户留资

在该场景下可以很好地对优质内容进行复用。虽然公众号历史有很多优质内容,但是在用户关注公众号之前的内容都被错过了。通过配置该客户旅程,企业可以把历史的高质量内容逐步推送给新关注的粉丝,提高优质内容的曝光,提高销售转化率,如图8-19所示。

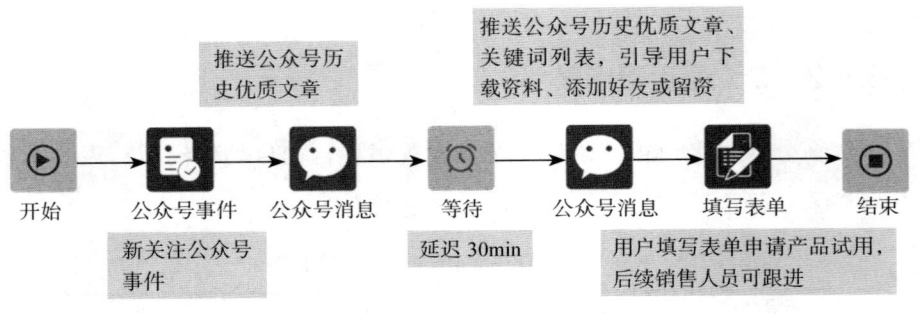

图 8-19　新用户推送优质内容流程示意图

当新用户关注公众号时,向他推送自动回复消息,介绍公众号的定位或产品基本信息,通过关键词列表引导用户回复可进入多轮对话以进一步了解产品,如图8-20所示。延迟30min或1h后再次推送消息,引导用户添加微信好友或填写表单留资,以便后续销售人员跟进。

在公众号消息推送场景中也有一些使用技巧。比如微信官方规定订阅号每天仅能推送1次消息,服务号每月仅能推送4次消息,很大程度限制了公众号与粉丝的互动,但是通过微信客服消息可以绕过这一限制。

微信客服消息规定,"当用户和公众号在48h内产生特定动作交互时,可调用客服接口,通过POST数据包来发送消息给普通用户"。微信客服消息下发规则如表 8-3 所示。通过客服消息可主动多次触达用户，推送有价值的内容和服务。

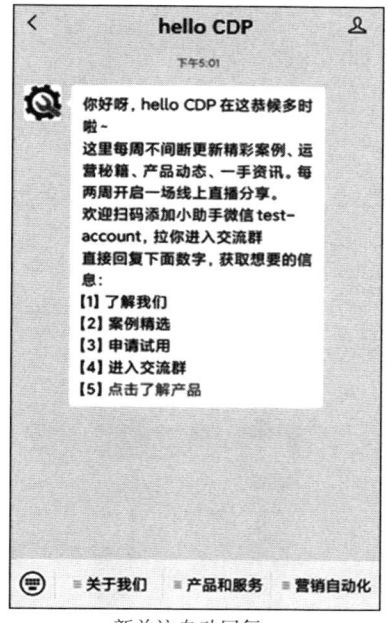

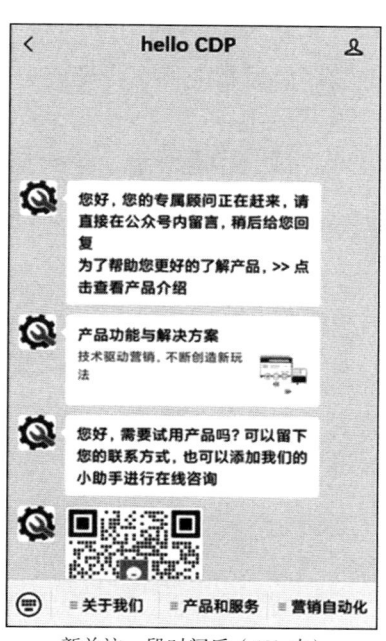

新关注自动回复　　　　　　　　新关注一段时间后（48h 内）
　　　　　　　　　　　　　　　自动推送消息

图 8-20　推送优质内容示例

表 8-3　微信客服消息下发规则（摘自公众号官方文档）

场景	下发额度	额度有效期
用户发送消息	20 条	48h
点击自定义菜单	3 条	1min
关注公众号	3 条	1min
扫描二维码	3 条	1min
支付成功	20 条	48h

场景二：引导新用户注册会员

通过优惠券引导新用户注册会员，完成注册的用户获得优惠券的同时推送商品页面引导用户下单。如果暂时没有购买，则在 24h 后继续短信通知他优惠券即将过期，如图 8-21 所示。

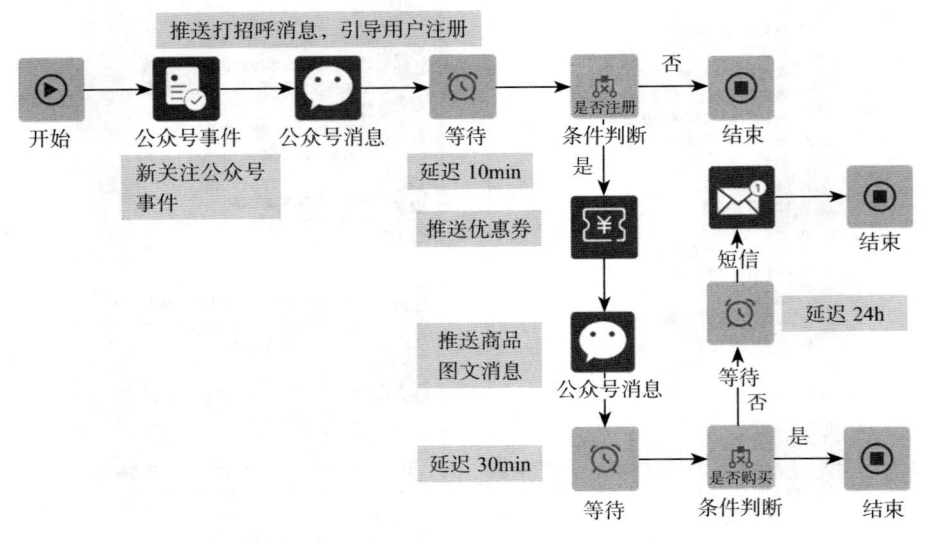

图 8-21　引导新用户注册会员流程示意图

场景三：用户与公众号交互

微信平台为减少对用户的打扰，规定只有在用户主动与公众号交互（如关注、发消息、点击菜单等）的 48h 内，公众号才能对用户推送消息。基于这个前提，可以在用户点击菜单后推送多轮消息与用户进行沟通转化，如图 8-22 所示。

点击菜单　　　　　　　　　　　推送消息

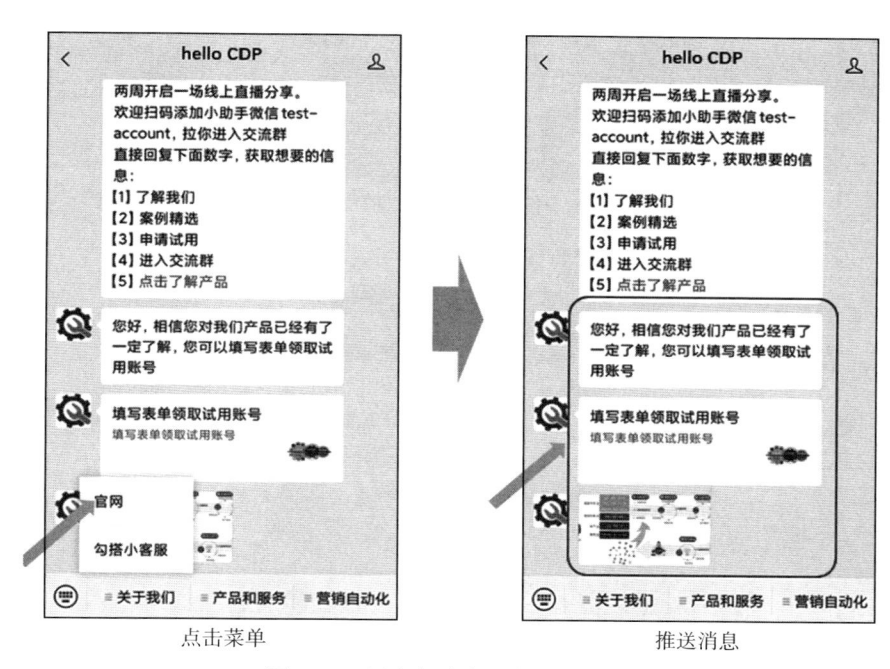

图 8-22　用户与公众号交互示意图

从图 8-22 中可以看到，当用户访问官网 10min 后，公众号将自动推送第一条问候消息，确保用户有充足时间阅读完后，间隔 5min 后推送第二条消息，进一步加深用户对产品/服务的理解，再间隔 5min 后推送第三条消息，邀请用户注册留资，试用产品。这一套交互流程如图 8-23 所示。

场景四：基于用户发送消息自动打标签

用户在公众号后台发送关键词可得到消息回复，可创建自动化任务根据用户发送的关键词给他自动打上标签，如图 8-24 所示。

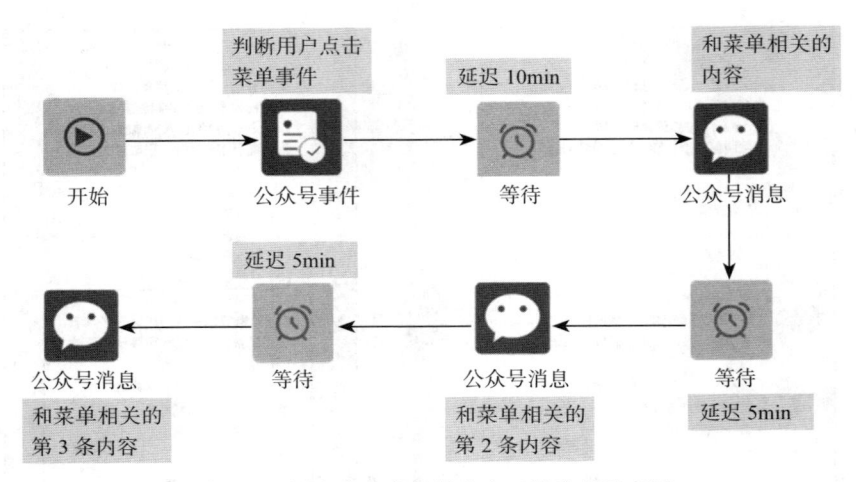

图 8-23　用户点击菜单触发交互的流程示意图

图 8-24　用户发送消息自动打标签流程示意图

8.4.3　小程序运营场景

场景一：加购未付款商品精准转化

该场景是基于用户实时行为的营销动作。例如用户在小程序中加购了商品，但是未下单或者下单未支付就离开了小程序，一般在一两分钟后用户会在微信的"服务通知"里收到小程序推送过来的模板消息，通知领取优惠券，吸引用户进行下单，如图 8-25 所示。

小程序可通过前端埋点的方式采集到用户的行为日志，在产品端基于用户属性＋用户行为的方式圈选对应的用户，如图 8-26 所示。该场景基于用户在小程序上的行为事件（如加购未下单、下单未付款等），来给用户推送实时消息。小程序消息实时通知流程如图 8-27 所示。

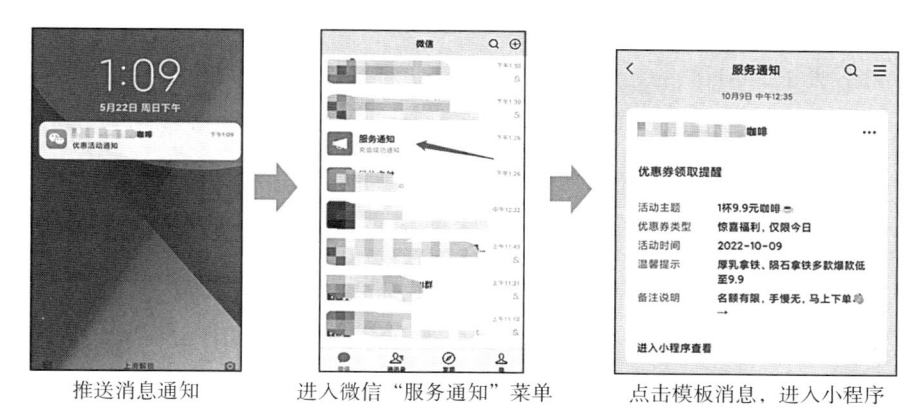

推送消息通知　　进入微信"服务通知"菜单　　点击模板消息，进入小程序

图 8-25　小程序模板消息通知示意图

图 8-26　小程序圈选用户示意图

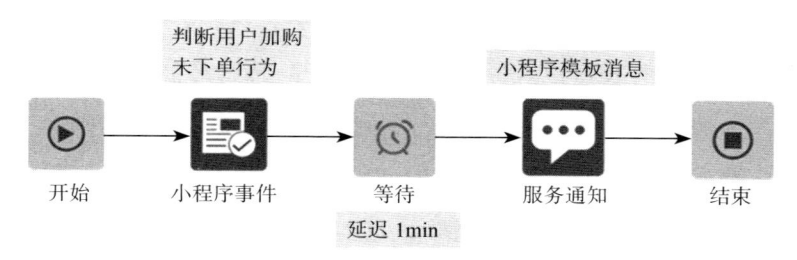

图 8-27　小程序消息实时通知流程示意图

场景二：日常营销推广

该场景是针对目标客户，在合适的时间推送合适的商品，属于离线的定时推送任务。

例如我经常会在工作日点某品牌的拿铁咖啡，后面虽然有段时间不买了，但是在工作日的中午或下午两三点的时间段内会收到该品牌推送的优惠券领取通知，点击优惠券进入小程序的落地页推荐的也是厚乳拿铁、陨石拿铁等拿铁系列咖啡（我偏好的类型）。

如前面所讲，小程序可以采集到用户的行为日志，再基于我的下单情况可以获取我所在城市、街道、商品偏好、消费次数等属性信息。基于属性＋行为日志可以圈选出符合条件的用户群，然后对该批用户群做模板消息推送，如图 8-28 所示。

图 8-28　小程序消息模板推送流程示意图

场景三：B2B 行业针对访问小程序用户邀请留资试用产品

该场景是基于用户实时行为的营销动作。如果用户访问了 B2B 企业的小程序，比如查看过企业官网、解决方案、客户案例等页面，那么根据浏览时长可以判断用户是否对产品感兴趣。在用户访问过小程序一段时间后，可以通过公众号的模板消息发送一条通知，邀请用户填写表单留资后获取 n 天的产品试用账号，如图 8-29 所示。

用户在服务号收到消息通知，点击卡片可跳转到表单页。通过产品免费试用作为诱饵，激励用户填写表单留资，方便市场人员的跟进转化，如图 8-30 所示。

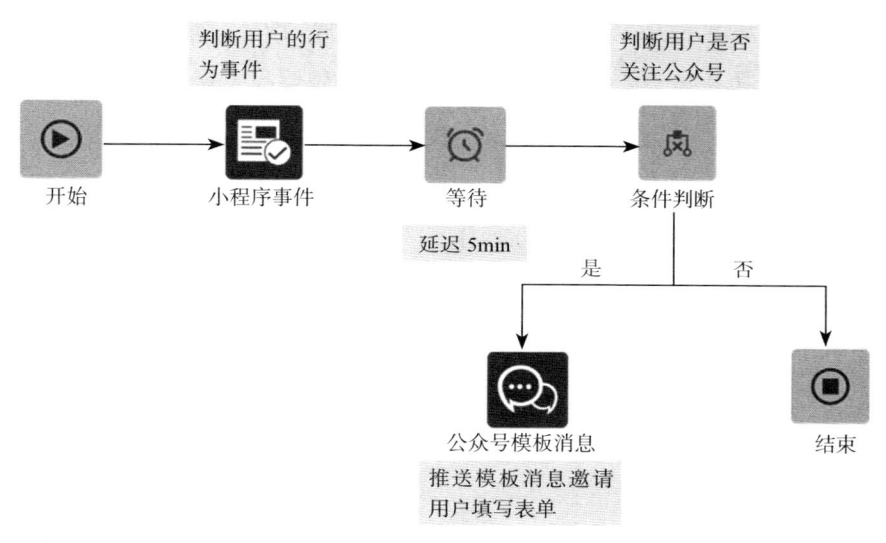

图 8-29　基于小程序行为推送模板消息流程示意图

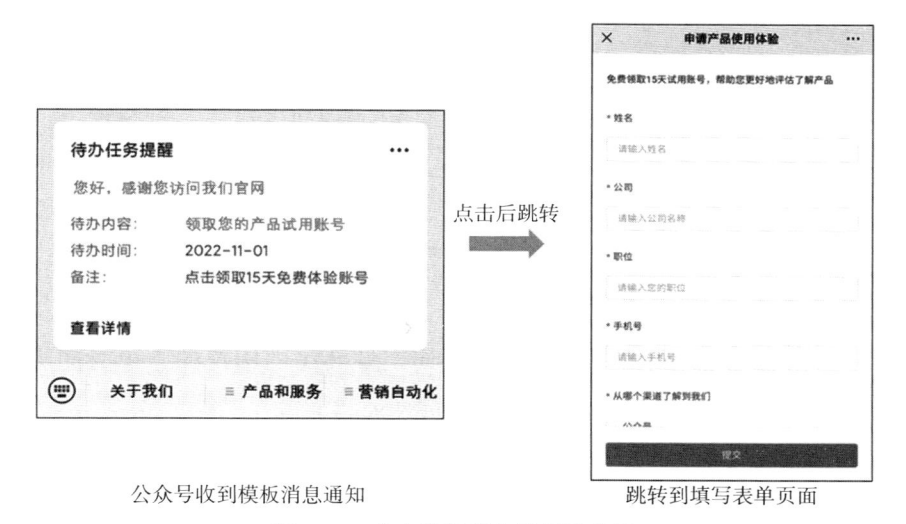

公众号收到模板消息通知　　　　跳转到填写表单页面

图 8-30　点击模板消息效果示意图

8.4.4 短信营销场景

在日常生活中我们会经常收到类似的营销短信。例如我 5 月份曾购买过某品牌的牙线，3 个月过后，该品牌给我发送了一条营销短信，如图 8-31 所示，此时我的牙线正好快用完了。该品牌在推送短信时应该充分考虑了用户购买量及产品消耗周期，从这方面来看非常契合用户购买需求。

商家在推出新产品或活动时也会对历史购买过商品的用户推送短信进行营销，如图 8-32 所示。

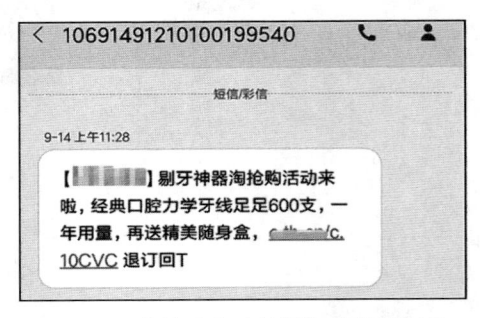

图 8-31 某快消商品的周期性营销短信

图 8-32 新推出产品或活动时的营销短信

在短信营销场景中可根据购买周期性商品的用户的下单时间圈选出人群包，定时推送营销短信，如图 8-33 所示。

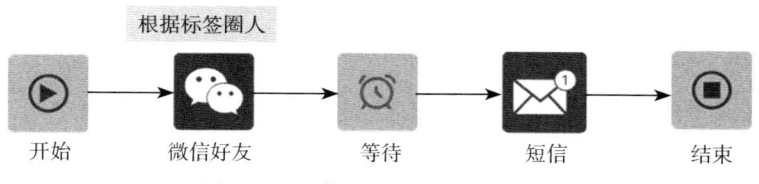

图 8-33 短信营销通知流程示意图

8.4.5 活动营销场景

线下活动的组织包括活动准备、活动报名、活动前提醒、活动现场、活动结束后 5 个环节，如图 8-34 所示。在这些环节中涉及图文、海报等素材准备，公众号、朋友圈、微博、KOL 等渠道进行推广，收集报名表单，活动前短信、微信模板消息进行通知，活动后进行问卷回访、统计数据、客户培育。整个流程较为烦琐，通过营销自动化工具可将这些环节很好地编排起来。

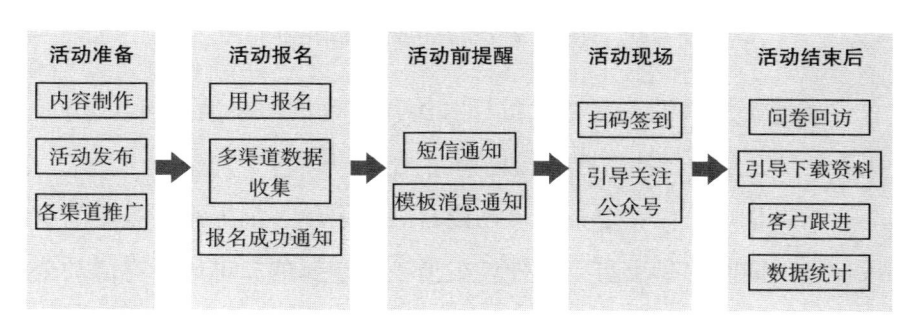

图 8-34 线下活动组织流程示意图

按业务流程可将线下活动拆分为活动推广、信息收集、活动前提醒、活动后培育转化四个阶段。

❏ 活动推广阶段主要进行内容的创建、活动的宣发。

- 信息收集阶段主要收集报名信息、自动打标签、短信通知报名成功。
- 活动前提醒阶段通过模板消息、短信通知等方式提醒用户准时参与。
- 活动后培育转化阶段通过发放资料、调用文件、SOP推送等方式进行客户的培育转化，如图8-35所示。

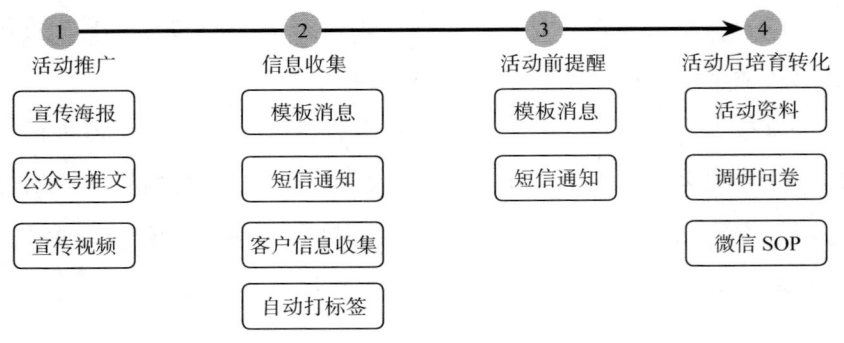

```
   ①              ②              ③              ④
活动推广        信息收集        活动前提醒      活动后培育转化
[宣传海报]      [模板消息]      [模板消息]      [活动资料]
[公众号推文]    [短信通知]      [短信通知]      [调研问卷]
[宣传视频]      [客户信息收集]                  [微信SOP]
                [自动打标签]
```

图8-35　营销自动化工具在线下活动中的应用

通过营销自动化工具进行任务编排，可以不断触达潜在客户，提升活动到场率及活动后的转化率。

活动推广阶段：业务人员创建自定义表单，编辑需要收集的字段信息，同时为每个员工、推广渠道生成专属的二维码。将活动全网曝光，扩大活动的传播范围，包括垂直行业媒体、付费自媒体、DSP广告等公域流量，以及官网、公众号、微信、微信群、短信等私域流量，如图8-36所示。

信息收集阶段：意向用户扫描二维码填写表单进行报名，表单收集报名用户的数据，可自动生成画像信息。整体流程如8-37所示，具体逻辑见 9.1.5 节。

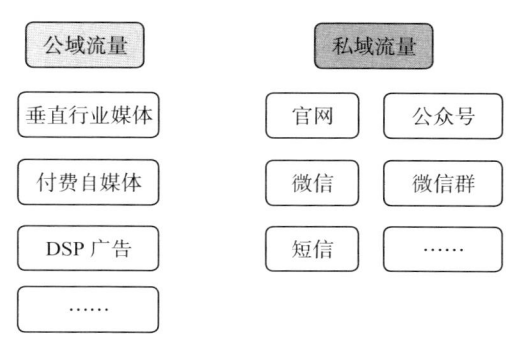

图 8-36　全渠道曝光传播

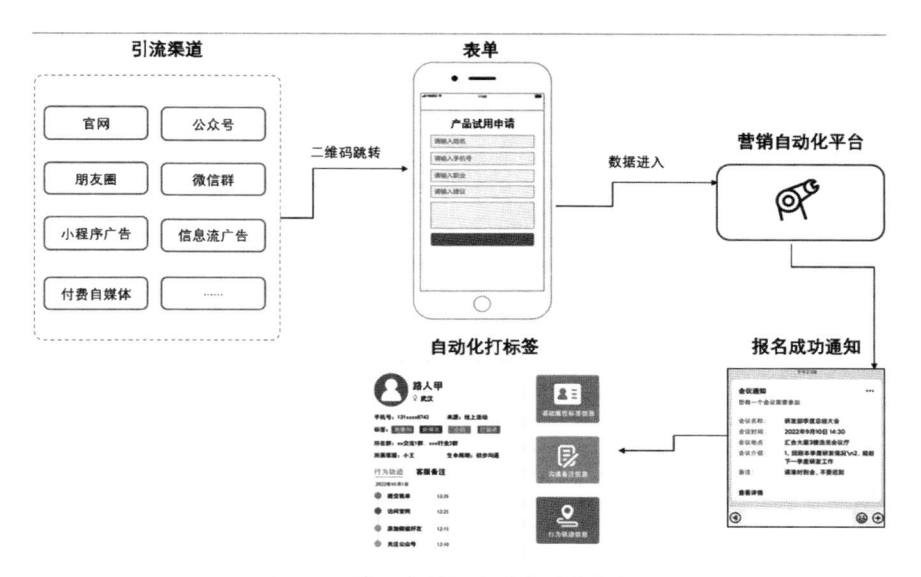

图 8-37　填写表单报名时自动化打标签

活动前提醒阶段：活动前一天或前几个小时通过短信或公众号的模板消息提醒已报名用户及时参加活动，如图 8-38 所示。活动中用户现场扫码签到，与已报名活动的人员进行匹配并打标签。如果是线上活动，则更容易通过网页授权登录、小鹅通等方式拿到参与活动人员的微信 unionid。活动中可实时统计实际参与的人数，并引导用户添加私域好友进一步培育转化。

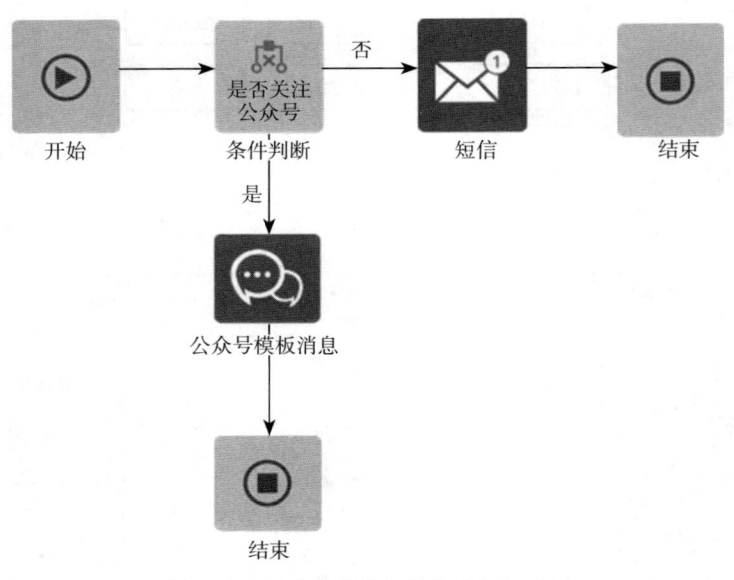

图 8-38　活动参会提醒通知流程示意图

活动后培育转化阶段：通过短信或公众号模板消息进行问卷回访，持续孵化、跟进意向线索，打造活动闭环。

第 9 章　Chapter 9

引流私域与运营

互联网流量红利消退的下半场，公域获客的竞争愈发激烈，获客成本持续变高，而且公域获客流量转化漏斗过长，转化太慢。如果过于依赖第三方平台，企业将失去和客户进行长期互动的能力。近几年，私域运营逐渐兴起。私域是企业自有的且可长期反复触达的用户流量，本质是可以低成本甚至免费持续挖掘有价值的用户群体。

私域运营一般有三个环节：引流拉新、客户培育、客户转化成交。本章主要介绍引流拉新和客户培育的一些方法和案例，有些内容在前面几章中分别介绍过，这里站在全渠道的角度整体来看可以用到哪些方法和实现细节。

9.1 私域引流触点

把客户引流到微信私域有多种方式，按来源渠道可分为企业微信渠道的个人活码、微信群活码、公众号渠道的二维码、裂变海报、小程序渠道的员工活码页面、H5 渠道的智能表单等。通过将这些二维码或链接暴露在文章、直播间、短视频、朋友圈、各种宣传海报等渠道引导目标客户主动添加好友。

9.1.1 企业微信个人活码引流

通过企业微信可创建员工的个人活码，曝光在线下门店、公众号、小程序、视频直播间、快递包裹卡片等渠道。对于每种渠道可以生产专属二维码，引导用户添加企业微信员工好友，通过自动打标签、添加备注、推送欢迎语、自动添加到客户旅程中可实现每天接收到不同的精准 SOP 内容推送。

此外还可以通过小程序的短链进行引流。把企业微信创建的个人活码放在小程序的一个页面中，然后将该页面生成小程序的短链接，并将该链接放在抖音的私信回复、内容评论中，在各种自媒体渠道进行投放露出，用户点击链接后可自动拉起微信应用并跳转到小程序的二维码页面，扫码后添加好友。

9.1.2 微信群活码引流

微信群活码引流是裂变活动、拉新客户的常见方法，但是微信群有一些不方便的地方。微信群二维码只有 7 天有效期，过期后就会失效，需要运营人员不断手动更新。群的成员上限是 500 人，可以扫码进群的人数上限是 200 人，超过 200 人后就需要邀请才能进群。

企业微信的群活码功能解决了上面的问题，在企业微信后台可创建群活码，每个群活码可绑定 1～5 个群，生成一个群活码，用户扫描该群活码时可随机进入一个实际群。每个群能扫码加入的人数限制为 200，这样一个企微群活码可支持扫码自动加入的人数上限是 1000 人。

如果基于企业微信开放的 API 自行实现业务逻辑，可进一步突破关联 5 个群的限制，在群成员到达 200 人时可自动创建新群，实现无限制拉用户入群。

9.1.3　公众号渠道二维码

5.4.1 节提到，公众号渠道二维码可标识出粉丝的关注来源，在粉丝关注公众号后的承接环节，为进一步加深与粉丝的联系，增进粉丝对企业产品或服务的了解，可在公众号的被关注回复、关键词回复、公众号菜单栏、公众号介绍等节点中引导粉丝添加客服人员的企业微信，成为微信好友。

9.1.4　公众号裂变海报

5.4.3 节介绍了裂变海报的使用场景和流程，本节介绍裂变海报背后的实现逻辑。

1. 通过一个案例看活动玩法

首先，运营人员在管理后台创建一个带渠道二维码的裂变活动海报，并在朋友圈、公众号推文、服务号模板消息分享、推送这个裂变海报，这样朋友圈的好友或公众号的粉丝就是这次活动的种子用户。

当有人看到活动海报并按照规则分享海报时，裂变活动就开始了。路人甲看到海报并扫码关注了公众号，他将在公众号后台收到推送的消息，如图 9-1 所示，包括欢迎语和活动链接。点击活动链接进入活动详情页，可以看到已参与本次活动的人数、裂变情况，以及自己账号拉新的好友数。在详情页，用户可生成自己的专属海报。

| 关注公众号收到的推送消息 | 点击 H5 链接查看活动页详情 | 生成个人专属海报 |

图 9-1　裂变活动示意图

路人甲将自己的海报分享到微信群、朋友圈进行拉新，如果路人乙、路人丙看到后扫码关注了公众号，则路人甲完成了两个好友的拉新任务。路人乙和路人丙关注公众号后会收到同样的推送消息，可重复路人甲的分享动作，进行下一步拉新，这样这个裂变活动就得以持续下去，如图9-2所示。当然，不是所有人都对海报活动感兴趣，如果收到消息的人没有进行分享，则到这个人的裂变就会终止。

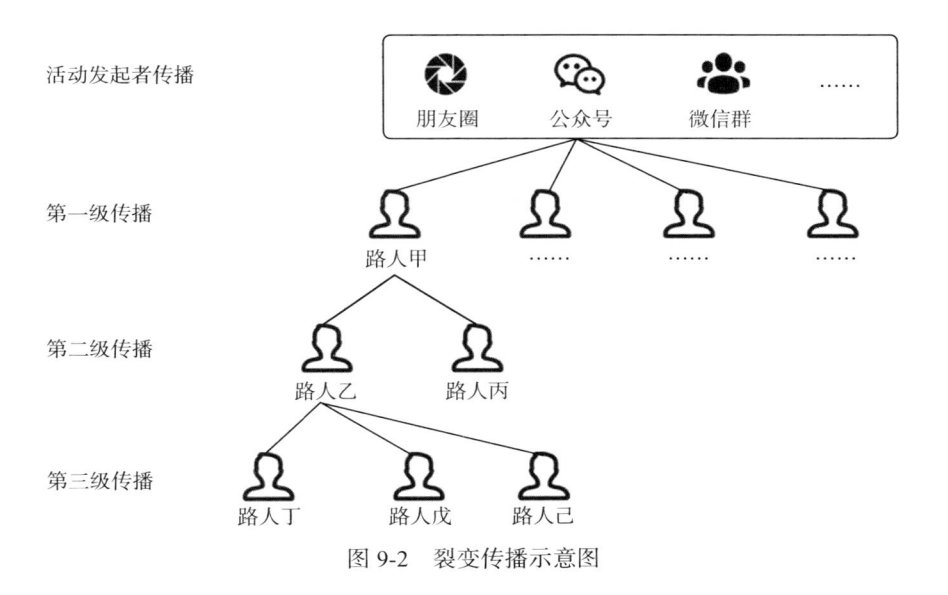

图 9-2　裂变传播示意图

2. 背后的实现逻辑

公众号裂变海报主要用到了渠道参数码中的临时二维码，对每个扫码的粉丝生成一个临时二维码，将二维码的渠道参数设置成粉丝账号，并将二维码和他的账号 id 绑定在一起。后续有新用户扫码关注公众号后都会和这个粉丝绑定，算是该粉丝拉入的新粉。综上，通过老粉丝拉新粉丝的方式就完成了裂变传播。

3. 技术实现方案

在海报的裂变传播中用到了微信的网页授权和生成临时的带参数二维码这两个功能点。

路人甲在看到裂变海报扫码关注公众号后会收到推送的链接（见图 9-1）。在他点击链接时通过微信的网页授权，公众号可获取路人甲的微信 openid、头像、昵称等基础信息。在点击生成专属海报时，会调用生成带参数二维码的 API，生成二维码图片（临时二维码、有效期 30 日以内）。这样路人甲的账号信息和参数二维码的信息就可以绑定在一起了。

生成专属裂变海报实际上就是基于网页授权获取当前微信账号信息，然后生成临时带参数二维码，并将两者信息绑定在一起。路人乙看到了路人甲分享的海报，扫码关注公众号、生成自己的专属裂变海报并进行分享，进入同样的流程中。

在数据库中创建二维码 – 账号绑定关系表 wechat_fission_codeinfo，如表 9-1 所示。

表 9-1　二维码 – 账号绑定关系表示例

字段	类型	含义
openid	String	用户唯一标识
nickname	String	昵称
openid_pic_url	String	头像图片
scene_code	String	二维码参数 当前账号创建的渠道二维码 code 参数，可自定义命名
url	String	二维码图片 URL
create_time	String	创建时间

根据参数二维码的机制，可以为每个二维码配置场景值 id（即

表中的 scene_code 字段），用户通过二维码关注公众号时也会被打上该场景值 id 的标签，并记录在公众号粉丝明细表（wechat_userdetail_info）中。这样即可建立起二维码和关注粉丝之间的关系。公众号粉丝数据表示例如表 9-2 所示。

表 9-2 公众号粉丝数据表示例

字段	类型	含义
openid	String	用户唯一标识
subscribe_time	String	关注时间
tag_id	String	标签 id
remark	String	备注信息
qr_scene_code	String	关注的二维码渠道参数

通过如下查询命令可以查出每个分享海报的用户带来了多少个关注的粉丝。

```
select t1.openid, t1.nickname, t1.openid_pic_url,
    count(distinct t2.openid) as num
from wechat_fission_codeinfo t1
left join wechat_userdetail_info t2
    on t1.scene_code = t2.qr_scene_code
group by t1.openid, t1.nickname, t1.openid_pic_url
```

进一步，可以基于相关数据计算出整个活动的裂变传播关系图以及从扫描二维码到粉丝关注再到领取活动奖励的转化漏斗图等。

9.1.5 表单收集信息

在微信客户端扫描二维码或通过 H5 页面填写表单是一个很常见的场景，如报名参加线上、线下活动，填写产品试用申请，填写各类调研问卷等。在用户填写表单时，用户的相关信息及表单的填写内容也能作为标签自动打在用户身上。

业务人员可以在管理后台查看每个表单的浏览人次、填写人数信息，如图9-3所示，也可以看到浏览过表单的微信用户昵称和头像（网页授权登录）。如果同一个表单配置了渠道参数并被投放在了多个渠道，还可以统计每个渠道的浏览人次、填写人数，如图9-4所示。

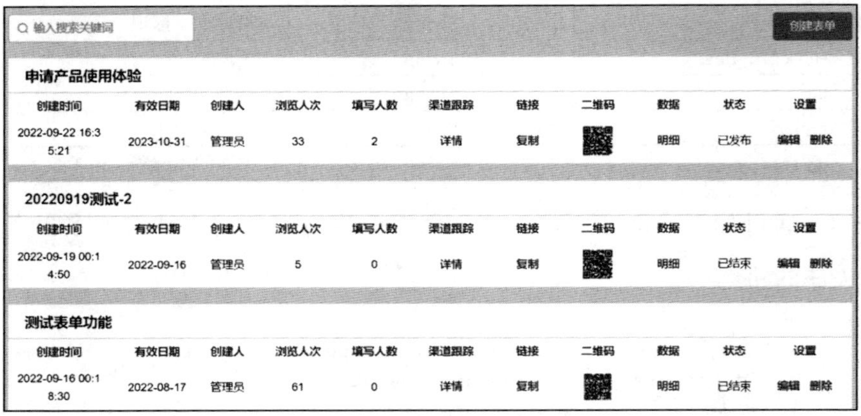

图9-3　自定义表单列表页示意图

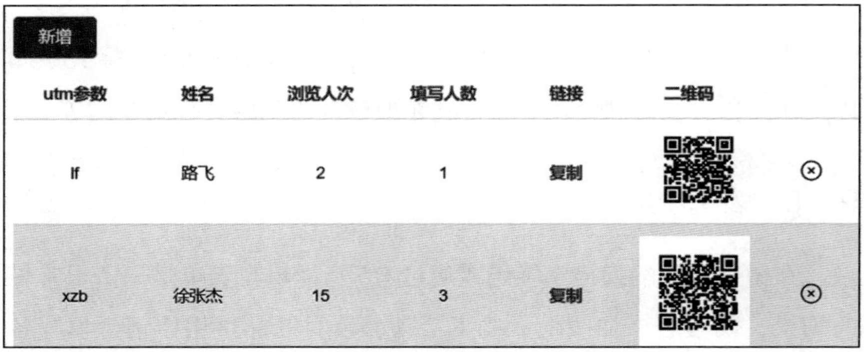

图9-4　统计表单投放在不同渠道的数据示意图

将一份表单根据不同的投放渠道生成不同的链接或二维码是一个比较简单的处理动作。将表单的原始链接加上渠道的 UTM 跟踪参数就是渠道的新链接，用户通过不同的链接进行报名，就会被统计到不同的渠道下面。现在将字符串转为二维码的技术也很成熟，调用 API 即可将字符串转为二维码图片，这样不同的渠道链接也转换成了不同的二维码，可以将这些二维码分别贴到海报中投放到不同的渠道去。

下面通过一个案例了解创建表单模板、用户填写表单、自动打标签的流程细节。

1. 创建表单模板

业务人员可以通过拖曳的方式在画布中编辑各组件模块，自定义表单需要收集的信息，如图 9-5 所示。同时，配置好用户提交表单后的引导页，引导用户扫描二维码添加客服的企业微信，如图 9-6 所示。

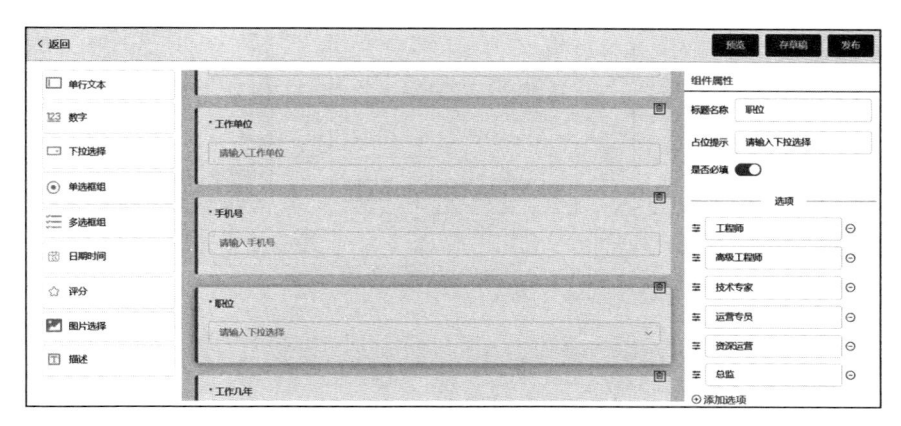

图 9-5　拖曳组件编辑自定义表单

2. 用户填写表单

用户可以通过扫描活动海报上的二维码、点击链接或通过公众号推送的模板消息进入页面填写表单，在提交表单后的跳转页可看到客服人员的微信二维码，扫描二维码添加好友可自动收到学习资料，如图9-7所示。

这个流程其实包含三个环节，详细分析如下。

图9-6　填写完表单后的跳转页面

授权获取账号信息　　　　填写表单　　　　引导添加私域好友

图9-7　用户填写表单流程

❏ 环节一：在用户填写表单时通过网页授权登录可获取到用户的微信unionid，在提交表单时unionid和表单信息在服务端可一起提交并保存下来。

- 环节二：客服人员配置员工活码，根据表单对应的活动内容配置用户扫码后自动被打上的标签及自动推送的欢迎语。
- 环节三：用户扫码添加客服人员的微信好友，添加后客服人员也可获取到用户的微信 unionid。

这样，用户的 unionid、表单填写的信息、网页授权登录时获取的账号基础信息就绑定在一起了。如果表单中填写了手机号，那么也可以将手机号绑定进来。

3. 自动打标签

在上个流程中介绍了数据收集的细节，除了用户在扫码添加客服微信好友的环节会被自动打上标签，也收集到了用户填写表单的数据和用户微信账号的基础信息，基于这两处采集到的数据可完成自动打标签的任务。

9.2 客户旅程

在传统的商业模式中，消费者通常会和企业进行一次性交易，而在客户旅程这种新兴模式中，企业能够和客户建立起长久的关系，从而发挥最佳效益。

客户生命周期旅程示意图如图 9-8 所示。

对企业而言，私域客户旅程是一种强大的运营工具和运营策略，可以帮助企业吸引和留住更多的客户。

首先，客户旅程能够将企业与客户之间的关系从一次性交易转为长期友谊。通过客户旅程，企业可以更好地了解客户的需求，根据不同阶段的需求提供更加具体的解决方案。例如，私域客户旅程可以使企业更好地了解客户的兴趣偏好，为客户提供特定类别的内容。同时，企业可以根据用户标签、用户画像和行为特征，推出相应的客户打折优惠，以提升客户体验。

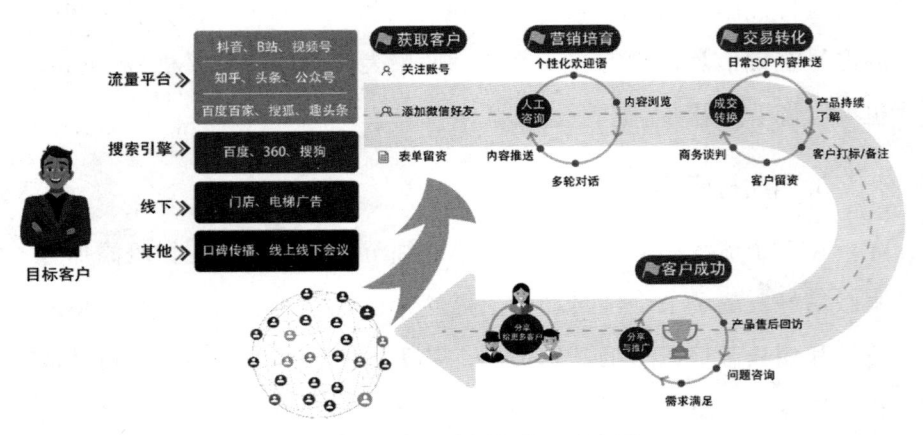

图 9-8　客户生命周期旅程示意图

其次，私域客户旅程能够持续传播企业形象，丰富客户体验，提高客户忠诚度并吸引新客。在私域客户旅程中，企业可以更好地传递企业形象和价值，并开发定制化的内容，进而提高客户的服务体验。客户也可以持续了解企业最新动态及相关信息，以增进与企业之间的互动交流，从而建立起更高的客户忠诚度并吸引新客。

对客户的培育是一个持续的过程，对于新用户来说由于不了解他的需求，推送的消息往往不会精准，在通过多次的触达沟通、得到用户反馈后，可不断更新用户的标签、备注、阶段等信息，进而推送更适合他的内容。